冷暴力、家暴慣犯、出軌前科、再婚市場、經濟矛盾……
婚姻中會出現多少種困境？如何在破碎關係中重建幸福？

U0545842

潘幸知——主編

婚姻急救中，諮商師與愛的

深層對話

夫妻分房睡、財產分配問題、教育觀念分歧、價值觀不合……
婚姻諮商的真實個案，揭露出最直面現實的伴侶問題！

難道婚姻真的是愛情的墳墓？

與諮商師來談談親密關係中的「現實面」，看婚姻的真面目！

目錄

第一章　斷捨離：當你邁出離婚這一步

第二章　婚姻啟示錄：你要知道的婚姻真相

第三章　愛是門學問：自察與成長

目錄

第一章

斷捨離：

當你邁出離婚這一步

再婚後，
老公不出錢還冷暴力，我想離婚

文／戴喆

問：

丈夫和我都是再婚，結婚 3 年，丈夫生活上不出錢，也不願跟我交流，平時除了必要時和我說幾句話，我們基本上處於零溝通的狀態。

我想過放棄這段婚姻，但是母親總跟我說：「你已經是再婚了，還要再離一次婚嗎？日子差不多就將就著過吧。」

母親是個很傳統的女性，她覺得女人應該以婚姻為重，再委屈也要維繫好一個家。所以她對我的這些委屈、難過選擇視而不見、聽而不聞，甚至每次都說是我的問題。

這個現狀讓我很痛苦也很無力，我不知道該怎麼解決。

老師，我該怎麼辦？

答：

在你的描述中，我看到了你的孤獨。和丈夫沒有情感連線，向母親尋求幫助，母親卻也忽略你的感受，推開你，只

說是你自身的問題。這樣不被理解、不被關心、不被支持的感覺真的很痛苦。

面對未來彷彿只能靠自己，母親的建議就是忍——「再委屈也要維繫好一個家」。然而這樣孤獨、無助地一路忍下去，確實讓人感覺很無望，生活沒有盼望。

目標的確認

從你的話裡我看到，你並不認同你母親。你不想「應付著過」，你對婚姻關係有更高的追求。那麼既然從母親那裡得不到支持，你就更應該放大內心的聲音。

你的目標是什麼？你要的婚姻狀態是怎樣的？你自己要有一個清晰的答案。

目標感對一個人來說極為重要。有的人先天條件很差，父母常年爭吵或者離婚多年，她沒有好的範本可以學習。她不知道夫妻雙方應該怎麼相處，怎麼處理矛盾，怎麼經營關係。然而只要還有目標，就還有希望。

這就像一個在大山裡出生的孩子，她的父母沒有讀過書，她想要學習不可能依靠父母。她想獲得一番成就，一定要靠自己去努力，一定要花很多很多的時間、精力在學習上。

在關係世界中也是這個道理。

10 年前我認識一位朋友，她當時的婚姻狀態一塌糊塗。她那時根本說不清自己的感受、需求，甚至連自己的情緒都摸不到，在她的情緒字典裡只有高興和不高興。

她聽不出別人話裡的深意，也沒辦法跟老公溝通任何事情。然而她不認命，她渴望高品質的情感連線，渴望輕鬆、舒適、彼此理解的情感生活。

於是她花費了很多精力去學習，還花了很多時間跟高情商的人在一起相處。

她寫了整整 5 本情緒日記，從簡單標明自己的「難過、委屈、生氣、厭惡」到能從丈夫的一個微表情中，猜測出丈夫心裡的感受和想法。她靠自己的努力一步步地從「大山」裡走了出來。

如今她已經成為一名心理諮商師，而她也早就透過自己的改變，改善了她的婚姻關係，過上了她想要的生活。

目標感，它是一種渴望，一種執念。若真的想到達某處，不用別人幫多少忙，我們自己就可以到達那裡。

失敗的反思

同時你也不要覺得自己沒有任何資本，過去那些失敗的經驗都是資本。

「我要什麼樣的生活」，關於這個問題，你過去肯定有過很多思考。這是你第二次婚姻了，顯然第一次婚姻不是你要的狀態。

第一段婚姻，你和前夫的合作沒有成功，沒有達到對方的預期，也沒有達到自己的預期，於是你們解除了婚姻關係。

第二段婚姻，你換了一個人重新嘗試合作。但 3 年過後，仍然沒有實現目標，當下的婚姻狀態你仍然很不滿意。

現在是時候總結一下失敗的教訓了，為什麼你想過好，卻一直過不好呢？

6 個思考方向

由於你提供的線索不多，我不能幫助你分析完整的實際情況。我只能提供一些思考角度，供你參考一下，看看是否能對你有所幫助：

1. 丈夫和前夫，包括你過去交往的對象，是否有共通之處？對於這些共通之處，你是怎麼看的？

曾經我的一位來訪者說自己就是個「渣男磁鐵」，總能在萬千男性中找到最渣的那一個。每段關係開始時，她總是抱著能夠改變他們、拯救他們的信念。

然而事實上，她沒有這種能力。後來她反思，發現是因為小時候自己的父親很渣，拋棄了媽媽和自己，她內心覺得生命不完整，想要透過改變一個渣男來療癒小時候的創傷。

你可以像這樣，透過在相似點上的覺察，看看能否找到一些自己內在的心理情結。

2. 過去幾段關係你是如何處理衝突的？這種方式會有什麼不良後果？

有的人在與他人發生衝突時，會像一個嗜血的戰士，寸土不讓;而有的人會在衝突中感到害怕，甚至還沒發生衝突，只感覺可能會有矛盾時就開始迴避。

這些處理衝突的模式需要覺察總結，因為都有弊端，嗜血的戰士會讓對方退縮，會讓關係緊張，讓對方想逃離；而迴避衝突的人，則會一直保持很委屈的狀態，不敢說出自己的需求，感覺對方不理解自己。

透過對衝突處理方式的覺察，我們能更了解自己，同時也可以以此了解對方。當下關係處於零溝通的狀態，這也說明你們對彼此的了解還不夠。

3. 是否有不合理的期待？

90%的夫妻都想要改變對方，但往往越想改變對方，對方越是不會改變。

歸根究柢，想改變對方，其實還是為了滿足自己的需求。

他如果那樣了，我就舒服了。然而我舒服了，對方舒服不舒服呢？試想他要是舒服的話，他早就改了，還用你說嗎？

所以改變別人那是別人的事，改變自己才是自己的事情。

結婚前，我們有必要更深度了解對方，知道對方是怎樣的人，若不滿意，則可以不結婚。而決定進入婚姻的那一刻，我們就該接受對方本來的樣子。

其實只有接受對方本來的樣子，對方才能放鬆地在我們面前做自己，在一起時才會感覺互相接納、互相認同，才會願意更多地待在一起。

4. 怎樣變成零溝通的？

關係品質的標準，其實就是可以溝通的層次。這在鮑威爾的「關係金字塔」中有非常清晰的註解。

最淺的關係，就是寒暄、無所分享的層次。就如你們現在，除了必要時說幾句話，基本上處於零溝通狀態。

接著第二層次是分享我所知。說一些自己的見聞，我們知道、了解的事情。

第三層次是分享我所思。我是怎麼想的？我對一件事情是怎麼理解、怎麼判斷的？

第四層次是分享我所感。我的感受是怎樣的？悲傷、喜悅、憤怒？我把我的心理狀態跟你分享。

最高的一個層次是分享我所是。到達這個狀態，首先得知道自己是誰，自己得先活得夠明白了，才能讓對方知道我是誰。

相信你們結婚的時候，一定不是最淺的那個層次，如果只能寒暄，又怎麼會進入婚姻呢？

關鍵是你們是如何把本來可以分享我所感、我所思的狀態發展成只能寒暄的。

是因為你們彼此分享的時候，有太多評判，讓彼此感覺都不接納對方，覺得分享不舒服？還是說，你自己內在有很多感受沒有表達清楚？這些都值得好好反思。

5. 對方的願景是什麼？

你還要知道，你的資本絕不僅僅是自己。

關係是兩個人的，關係往哪個方向發展，兩個人必然都發揮著重要作用。問題的關鍵是：你們有沒有能力幫助對方發揮出他／她的作用。

你要知道你的丈夫也是在經歷第二次婚姻，肯定也曾經對他的新婚姻充滿期待。可如今他應該也很失望，他所渴望的新婚姻，絕不會是這種沒有連線、很陌生、很疏離的狀態。

在你痛苦的時候，往往會忽略對方的想法和需求。你照顧好自己的感受以後，也可以想想對方的目標是什麼，他願意為這個家裡付出時間、付出金錢、付出情感的動力是什麼。

合作的雙方一定要有共同的願景，你需要他的同時，他也需要你，你們的關係才會有發展的可能。

6. 可以執行的小動作？

最後你們還可以制定一些具體的、可操作的小目標。

任何關係都是一個情感帳戶，你們每一次讓彼此不舒服，都是從這個帳戶裡拿錢，日子久了只出不進帳戶總會空的。

反過來，你們每一次讓彼此幸福、快樂，覺得被對方欣賞、肯定，就是在往這個帳戶裡存錢，每存一次，關係就會更好。

經營關係就是這一筆一筆的流水，聚沙成塔還是潰於蟻穴都在於朝夕的累積。所以你們也不用想得太遠，明天能為關係做點什麼、想為關係做點什麼，寫出來，去執行就好。

這一切沒有捷徑，活好每一個當下，感恩你所擁有的，未來指日可待。

離婚啟示錄

文／ Sumiu

關於離婚，有一個不得不承認的事實是，大多數的婚姻都是以女人無法再忍受下去而結尾。

原因是大多數婚姻中，男人都是既得利益者，有人為他做飯、洗衣，還有人為他生孩子、帶孩子，而結婚完全不影響他們什麼，他們沒有所謂人生轉折、職場斷層、身材走樣，相反他們抽菸、喝酒、出軌……

離婚？還要分割財產，男人才不傻呢。

女人離婚也都大抵出於此。婚姻沒有讓她們變成更好的人，反而成了男人的保母，你一定明白那種感覺，懷疑婚姻的意義、自我的意義。

女人想離婚的念頭由此而生。

好樣的，女士們終於敢對不滿的婚姻說「NO」了，這也說明了女人對自己的人生有了更多的掌控權，這種掌控權來自足夠的錢和精神的獨立。

像這樣為了自己而從失敗婚姻中走出的女士，你問她們後來都怎麼樣了？

我會回答你，她們沒有一個不是越過越好的。

我認識一個朋友美子，今年 35 歲，最近她終於離婚了。

結婚 3 年，剛有了一個 1 歲半的女兒，她說：

「你知道嗎，我們已經分房睡好久了。」

老公說怕自己的鼾聲吵到她，但是她知道這只是藉口。

有一次，她發現丈夫一直盯著自己，以一種嫌棄的眼神。的確，懷孕生產以來，她的身材發生了很大的變化。從之前的「窈窕淑女」，變成一個身寬體胖的「壯士」。

肚子上還留下了怵目驚心的妊娠紋，自那之後，老公甚至不碰她了。

曾經美子也懷疑自己是不是已經完全喪失了魅力，但她看著鏡中的自己，皮膚依然光滑，頭髮依舊光亮，她覺得自己的生活本不該如此。

她開始有意識地節食，在孩子睡著之後，練瑜伽、做運動，她想找回以前的自己。

以前，她將大部分的時間都放到老公、孩子身上，現在她不想讓自己那麼累了。房子沒有打掃就沒有打掃吧，改天約個鐘點工，一起收拾就好了。

老公下班回來，她並沒有做晚飯，那就出去吃吧。

週末她跟姐妹約了 SPA，就把孩子丟給老公，讓他也享受一下育兒的「快樂」時光。

漸漸地，她臉上的笑容變多了。丈夫自然看到了她的變化，對她的態度也好起來。

等到女兒開始上幼稚園的時候，她已經恢復得差不多了，找到了新工作，然後她將離婚協議書放到了丈夫面前。

丈夫不解，她後來說：在我最需要他的時候，他沒有陪在我身邊；等我漸漸好起來的時候，他又對我殷勤。但是他之前令人失望的種種行為，是不應該被原諒的。

受不了最差的我，也沒資格擁有最好的我。

她曾說過一句話，原來在婚姻裡，她像一隻毛毛蟲，離婚讓她變成了一隻蝴蝶。

重新恢復單身之後，她努力工作賺錢，並在這個過程中遇到了一個與她志同道合的追求者，不知比原來的生活快樂多少倍。

某部電視劇裡曾說：「離婚是為了離開一個不值得愛的男人，這不是我們的損失，是他的損失，因為他永遠失去了一個愛他的女人。只有離開一個錯的人，才能遇見那個對的人。」

既然選擇了離婚，就要下決心將自己的生活過得比原來好。

否則不小心被那個叫「前夫」的人看到，會嘲笑你「看吧，離婚又是為了什麼。」做人姿態要好看，離婚後的姿態也要好看。

自從離了婚，她的人生像開了掛一樣。

我的朋友圈中還有個叫青青的女孩，她如今36歲，曾講過一個自己的故事。

有一天，她跟老公從商場出來，門口停著一輛豪華跑車，老公指著車對她說：「你看，你永遠都坐不上這種車的副駕駛吧。」

青青白眼翻到天上，內心火大得要死，情商負分的老公到底是在說自己無能，還是變相說她醜呢？

當然，這樣的老公根本談不上奮發圖強，下班回到家不是打遊戲就是看直播。有時候她實在看不下去了，就拉著老公說有一個專案，要不要試試一起來做。

老公看都不看一眼，直接說：「行了吧，我哪是做生意的料。」

這樣的時刻多了，從失望到死心，有時候就是一瞬間的事。某一天，青青實在忍受不了了，終於在一次爭吵之後，脫口而出那句想說了很久的三個字 —— 離婚吧。

老公愕然地問為什麼，青青回答，沒什麼，坐久了你的普通轎車，我想坐 ×× 跑車了。

青青真的很爭氣，離婚後她用手裡的錢拉專案，找投資，自己開始創業當起了老闆。

憑著自己的一股狠勁，青青的生意漸漸有了起色。雖然離了婚，但是不乏有大批追求者拜倒在她的石榴裙下。

青青重新墜入愛河，兩個人興趣相投，而且都喜歡拚事業，很快就登記結婚了。結婚的時候，老公送她的新婚禮物便是一輛超級酷炫的跑車。

人生，有時候真是令人意想不到啊！

當然，對於弱勢的女人來說，這種離婚後的翻身人生是她們想都不敢想的，她們只會蜷縮在婚姻的保護區裡，毫無還手能力。

而對於那些勇於離婚的女人來說，她們從來都不怕重新回到一無所有的生活，因為她們隨時都有東山再起的能力。

世界上不乏女人離婚後過得不如以前的故事，但是也有離婚後宛若新生的故事，你不相信，那是因為你的眼界、心智、能力都沒有達到。

離婚從來就不是一件可怕的事情，可怕的是你從來都不肯為自己的人生負責，也沒有實力去追求與眾不同的人生。

網路上曾經有這樣一個問題：那些離婚後的女人，後來都過得怎麼樣了？

令我印象深刻的一個回答是這樣的：

「簡直不能更好了！沒離婚之前，我不開心，孩子也受到影響，現在離婚了，把自己調整好了之後，孩子也比原來陽光多了。我每週帶她出去玩，人人都說這女孩陽光開朗，完全看不到父母離婚對她產生不好的影響。

「我自己也有了時間拚工作，看電影、健身 —— 從前的興趣都慢慢撿回來了。遠離性格不合的人，我自己的心情也變好了。一年不見的同學媽媽說我變化好大，變得年輕陽光了！所以，離婚對我來說是特別好的事，大大提高了我的生命品質。」

記住，你的人生很貴，不值得浪費在不值得的人身上。勇敢離開，才能改變一直以來都不盡如人意的命運。

況且，離婚從來不是一個貶義詞，如果說一個人的人生因為離婚變得灰暗，這也並不代表即使不離，她的婚姻生活就會過得多好。

上至明星，下至普通人，都會遭遇離婚，但是能量強大的女人，會告訴你，男人離開我，是他自己的損失，而我的人生依舊風生水起。

正如離婚後的張柏芝說：「離婚之後，我沒有放棄過愛情，也沒有放棄過我的生活態度，我就盡我的努力把自己的人生活得更精彩，把我的兩個兒子照顧得很好。一個女人如果真的清楚自己要什麼的話，根本就不需要依賴一個男人。」

因為要過一種什麼樣的生活，決定權從來都在自己手上。

若你還要問什麼樣的女人在離婚後更容易重生？

只有這一種：永遠對自己充滿自信，不畏懼、有膽識、有魄力，不斷調整自己的狀態，努力解決生活中的所有難題。

唯有這樣的女人，即使遭遇風雨，也能在風雨之後起舞，把自己的人生過得越來越好。

離婚時的四大陷阱，所有女人都忽略了

文／崔素貞

諮商室裡：

男 1：從沒想過我會這麼放不下孩子，我以為只要多陪陪孩子，就算離婚，我和他媽都愛他就行了。可是，當我早上醒來看到他趴在床頭，就那麼看著我……5 歲多的孩子，他應該不知道怎麼表達吧，但他一定是需要我的。我要為孩子的成長負責……

男 2：我考慮好離婚後也跟孩子談了。孩子一開始不能接受，但看我和她媽經常吵，也接受我離開，只要求我能多回來看看，這個我還是可以做到的。我想過一段時間，孩子應該也就適應了……

孩子總是能觸動我們內心最柔軟的那根弦。

離婚，如何做才能把對孩子的傷害降到最低？

身為一名婚姻家庭諮商師，我會從心理角度來跟你整理一下這個問題。

離婚時，孩子需要的是什麼

在家庭治療中，孩子幾乎都會談到他的家庭、父母的關係。在婚姻治療中，幾乎所有婚姻不幸的成年人都會描述自己童年的家庭生活。

有的來訪者說，看到父母吵架時，自己是無助和痛苦的，又覺得在父母的世界裡，自己是不重要的，只能壓抑自己的需求，不去打擾他們。

如果父母是痛苦婚姻的堅守者，僅僅是「為了孩子」而勉強維持婚姻，那麼孩子會不得不看著生命中最重要的兩個人互相傷害……

上面提到的兩位父親在做婚姻選擇時，也都提到孩子為自己帶來的影響。那麼對孩子來說，他需要的到底是什麼呢？

不論父母是離婚、分居，還是堅守婚姻，只要他們表現出對彼此的敵對，孩子都會一樣地感到痛苦。

因為無論離婚與否，父母的婚姻氛圍都為孩子提供了一個賴以生存的情感生態環境。就像自然環境中的空氣、水和土壤會影響小樹成長一樣，父母關係的好壞也決定著孩子的情緒健康。

而在婚姻中，真正對孩子造成傷害的不是父母之間的衝突，而是他們處理衝突的方式。

關係出現問題的病因

關係中的很多問題都是共性的，無論是親密關係還是親子關係。

在一段婚姻關係裡，太太抱怨說：

他從來都不考慮我的感受。不管我怎麼說，他都是漠不關心的樣子。看到他我就來氣，然後就會大吵一架……

先生說：

她見到我就是各種指責，我還能做什麼？除了不說話，就是走開。我總不能一直在那被罵吧？

我們看到兩個人的需求都被掩蓋在憤怒的情緒之下，而用生氣或破壞性的方式去面對關係中的問題，只會導致關係越來越惡劣。

這種關係裡缺乏三種能力：

情緒感知能力；

共情能力；

協同解決問題的能力。

這三種能力在我們處理親密關係和親子關係中都是非常重要的。

離婚對婚姻來說是一個終結，但對於個人來說，我們要評估自己在離婚的過程中有沒有真正具備這幾項能力，這樣才可以更好地面對親子關係。

婚姻不幸福的夫妻會認為：守護一段痛苦、毫無希望的婚姻或許比離婚要好一些，但幾乎所有的研究結果都對此給予百分百的否定。

嚴重的婚姻衝突為孩子帶來的傷害與離婚一樣嚴重。

換言之，讓孩子受到傷害的不一定是離婚本身，而是父母間敵對的狀態和惡言相向的行為，這種狀態在父母離婚以後還有可能會繼續。

離婚後降低對孩子傷害的常用策略

A 女士和先生離婚後，一人帶著 10 歲的兒子離開原來生活的城市。本來很貼心、很懂事的兒子是同意跟媽媽一起生活的，但最近問題頻出。兒子先是在家裡找碴對媽媽生氣，再來是影響了學習。

年前兒子想回老家看爺爺奶奶，但爸爸和媽媽意見衝突，孩子和媽媽大吵一架之後離家出走。

媽媽筋疲力盡，感覺自己像被抽空了一樣，離婚帶來的陰影還沒處理好，就遇到現在的狀況，於是，她約了心理諮商。

我幫 A 女士梳理了情緒後，與她溝通了孩子的心理現狀，幫她看到了孩子的無助和恐慌。回家後，A 女士重新跟兒子進行了有效溝通，最終孩子跟媽媽和解了。

離婚後，面對孩子的種種挑戰，我們要怎麼辦？

策略一：為家庭生活劃清界限

如果婚姻中一直有衝突，我建議父母可以將婚姻生活和親子生活分開。

透過這種方式，父母在腦海中可以鮮明地區分自己的兩種角色：父母角色和衝突中的配偶角色。

身為父母，我們應該盡自己的一切努力，讓孩子感到安全，讓孩子擁有父母兩人的愛。

策略二：矛盾解決時，讓孩子知道

孩子看到父母爭吵時會痛苦，當知道爸爸媽媽達成和解時，他也會感到如釋重負。

不同程度的和解，對孩子也有不同的影響。比如，看到父母互相道歉達成和解，孩子的反應會更積極一些。

策略三：為孩子建立情感支持網路

當孩子經歷了家庭衝突和父母離婚後，他出現犯罪行為的機率也更高。

這時候即便是自顧不暇的父母，也應該花費精力去關注孩子身邊的朋友和他所參加的活動。如果能有可靠的大人在這時候為孩子提供指引，或者透過課餘活動來幫助他排解心情，如運動、藝術活動等，都會讓孩子得到情感上的支持。

策略四：幫助孩子表達感受

在你情緒相對平靜的時候，你可以安排一個時間，和孩子談一談了解他對家的感受。我們會發現孩子內心潛藏的恐懼可能是我們未曾預料的。

他擔心父母離婚，擔心再也見不到其中一個人，擔心自己以後要住哪，甚至擔心自己可能就是父母婚姻矛盾的罪魁禍首。有時候他也許都不知道自己到底在恐懼什麼，但就是惶恐不安。這時你可以幫助孩子表達自己的感受，或者帶孩子專門去找家庭輔導師。

與孩子談論離婚，是件很艱難的事，甚至你無法開口，也無法預測他的反應。但要想辨識孩子的情緒，坦誠的溝通是拉近父母與孩子距離的最好途徑。

策略五：關注孩子日常的生活

保護孩子，降低離婚為他帶來的負面影響，關鍵在於在情感上給予孩子全面的支持。

當父母的世界發生翻天覆地的變化時，孩子的日常生活卻還要繼續。

比如，小孩子可能對新來的保母感到緊張不安，或者因為換了一個家而無法入睡，年齡稍大的孩子可能對新的學習環境比較牴觸，等等。

如果父母能在應對婚姻矛盾之餘，抽出時間就孩子的這些日常問題與孩子進行溝通，父母就會跟孩子建立一條穩定的紐帶。

離婚後的常見陷阱

陷阱一：把孩子當武器

我相信每個父母都很珍惜與孩子的感情，也正因為如此，當生氣的時候，有些父母就會借用這種感情來傷害對方。

離婚後，擁有監護權的一方也許會限制前任配偶看望孩子的權利。特別是因為對方背叛自己，而自己又無力反抗時，個體就會把孩子當作控制對方的手段。透過說對方的壞話，或在離婚時，讓孩子選擇和誰站在一邊，來達到報復對方的目的。

父母中的一方故意讓孩子疏遠與對方的關係，是家庭衝突中父母對孩子做的最殘忍的事情之一。

陷阱二：把孩子拉進婚姻的戰場

很多父母在離婚前後，都希望孩子站在自己這邊。如果孩子經常被捲入衝突中，他會逐漸覺得自己對家庭矛盾有責任，也應該負責修復家庭關係。

但事實顯而易見，對於維持父母的關係，孩子幾乎什麼都做不了。這會讓孩子變得無助、困惑和挫敗。

如果離異父母中一方利用孩子來攻擊另一方，孩子就會像足球賽中的足球，被踢來踢去。在這場比賽中，真正的輸家是孩子。

陷阱三：讓孩子做父母的調停者

如果孩子還很小，要讓他知道，他無須去照顧自己的父母，告訴他，這是成年人自己需要解決的問題，並向他保證，家裡的每個人都會安然無恙。

如果你的孩子已經足夠大了，你的談話可以更深刻一些，但也要傳遞同樣的資訊——爸爸媽媽之間的問題需要自己來解決，你不需要為此負責。

研究者表明：

當孩子足夠大，能理解父母爭吵的內容時，如果聽到父母爭吵的內容跟自己有關，他就會感受到更多的羞愧、自責和害怕。

你應該告訴孩子，關於這件事該怎麼做，爸爸媽媽有不同的意見，但這並不是你的錯。

陷阱四：讓孩子對另一方保守祕密

這樣的行為會成為家庭關係中騙局的示範，只能讓孩子覺得，家裡人都是不值得被信任的。孩子需要知道，即使爸爸媽媽意見不合，兩個大人也會為孩子著想，努力讓事情好轉。

父母離婚後的前兩年，對孩子來說是最艱難的時期。

這個階段，父母最重要的工作就是幫助孩子應對消極情緒，透過感同身受地傾聽孩子的心聲，幫助他處理自己的憤怒和悲傷等情緒，做好孩子的情緒同盟，陪孩子坦然面對危機。

不論父母幸福地生活在一起，還是離異，只要父母雙方都充分融入孩子的生活，孩子就會幸福地成長。

在父母已經離婚的情況下，共同養育這件事會變得棘手，但只要父母把養育孩子當成共同的事業，孩子就會從中受益。

那些兒戲婚姻的人，後來都怎樣了？

文／火小柴

離婚第一年：「我不敢關燈睡覺」

阿晗跟老公 5 年的婚姻，前兩年一直無法磨合，什麼事都能吵起來，天天吵，天天怨。

老公又隨手把衣服扔在床上，把臭襪子塞到茶几下面，沒沖乾淨廁所……

每天都是這些小事，說了八百遍，每天睜眼就是吵架。

也不是什麼家暴、賭博、出軌這些婚姻重疾，只是一些細小的矛盾，讓她像是渾身長滿蝨子，甩也甩不掉，就那樣待著，又哪裡都不舒服。

後來吵累了，大家都厭倦了，乾脆分房睡，絕對不待在同一個空間裡，誰也別想管誰。

於是，後面的 3 年，兩人根本就不溝通，有時候一起坐在沙發上都互相嫌尷尬，無話可說。

那時候，阿晗就想離婚了，恨不得老公趕緊出軌，乾脆地離了。

3 年以後，這事還真發生了。

那天，阿晗坐在沙發上，手機沒電，拿著老公的 iPad 看電影，好巧不巧，收到一條簡訊：「老公，昨天超開心，你什麼時候再來呀？」

阿晗當時特生氣，站起來，就把 iPad 往老公身上一摔，說：「離婚吧。」老公沒同意，解釋：「就這一次，原諒我吧，以後不會了。」

第二天，老公回家，阿晗繼續罵，繼續提離婚。老公沉默。

第三天，老公回家，阿晗仍是繼續提離婚。這次，老公立刻同意了。

阿晗愣了 3 秒，才反應過來。

那一瞬間，像是壓在身上的一塊巨石突然被卸下，阿晗鬆了一口氣，可心裡又怪怪的，覺得少了些什麼。

剛離婚那會，她感覺特別爽快。

離婚前，前夫不喜歡出門，阿晗也很少出門玩。離婚後，她天天跟朋友逛商場，看到想買的不用想到另一個人，自己愛買什麼就買什麼，想幾點回家就幾點回家。

差不多一個月吧，阿晗熱鬧地活了一陣子。

一個月後的一天，碰上換季，半夜，阿晗燒到 39 度。

她向朋友打電話，沒一個人接，猜想都睡了。猶豫了很久，她向前夫打去電話，問他能不能來看一下自己。

前夫立刻來了，把她送去醫院之後，還陪了一夜，鄭重跟她表示：「我跟第三者斷得乾乾淨淨，能不能再給我一個機會。」

那天以後，阿晗才意識到，每個人都有自己的生活。

可看看自己，30 多歲的年紀，一無所有，就只好反覆地問自己：「我的生活去哪了呢？」

獨自在家的時候，寂寞侵襲而來，阿晗常常失眠，好長一段時間不敢關燈睡覺。

她試過相了幾次親，卻從心理方面覺得，經歷了一段失敗的婚姻以後，已經不期待再和誰在一起了。

前夫一直試圖挽回雙方的感情，只不過阿晗倔強。打電話，不接；傳訊息，封鎖。

半年以後，前夫也放棄了。

直到兩年以後，聽說前夫要結婚了，這時，阿晗慌了，瘋狂地傳訊息，打電話，去他的家裡大吵大鬧。但是，一切都晚了。

不合適就換，離婚真的有用嗎？

像阿晗這樣「快離婚，慢後悔」的人，不在少數。

根據一份數據顯示，1997 年到 2016 年間，某國離婚人數在不斷增長，但奇怪的是，復婚人數也在增加。

20 年內總計有 295.8 萬對夫婦，選擇了復婚，僅 2016 年，就有近 40 萬對夫妻選擇復婚。

什麼樣的人容易在離婚之後後悔？

一個很重要的特點是：沒有能力走過權力鬥爭期的人。

每一段婚姻，都要經歷權力鬥爭期。

有句話說：即使最美好的婚姻，人們在婚姻生活中也會有 200 次離婚的念頭，50 次掐死對方的衝動。

這就是在說發生衝突時，這個時候，我們都希望將彼此改造成心中理想的另一半。

「他總說一些讓我不開心的話，但我希望他能多誇我，多逗我開心。」

「他總是不怎麼做家務，總是不按我的要求去做事情，但我希望他愛我，和我一起分擔家務，就算我不說，他也能乖乖做好那些我希望他做的事。」

「他總是不上進，回家就玩遊戲、看電視，但我希望他回家能看看專業的書，考個證照，多為將來做打算。」

改造不成，這些不同就變成了抱怨、命令、要求。對方卻總是逃避問題，對方一逃避，自己就更生氣。

累積兩三件小事，就會爆發一次爭吵。阿晗和老公結婚前兩年就處在這個階段。

走不過磨合期，矛盾無法解決，情緒長期積壓，就進入了冷漠期，也就是阿晗和老公後來無話可說的三年時間。

冷漠期是出軌和離婚最容易發生的階段。在離婚原因中，「夫妻雙方無法溝通、感情冷漠」占六成左右。

可換個人，就能換來幸福嗎？

還有一個數據是：人們第二次婚姻的離婚率高達 60%。

也就是說，很多問題並不會因為換了一個人，就自動消失了。

面對矛盾，有些人將所有問題歸罪於對方，有問題了不解決，感情壞了也不修補，以至於問題不斷惡化，最後想修補也無能為力。

於是，乾脆扔了，換下一個。因為對他們來說，換人可比解決問題簡單多了。

可他們不知道，那些想要繞過的坑，終會在未來再次出現，絆住自己的腳，而那時，只剩下滿心後悔。

離婚的關鍵詞：重建

如果你還在婚姻中，不知道是否應該離婚，不用急著擺脫它，也不用急著做決定。你可以停一停，看看你們的婚姻怎麼了，全面的分析與考慮之後，確保離婚是你深思熟慮之後的選擇，而不是一時的盲目衝動。

如果你已經離婚，有些後悔，可以先試著去重建你自己和你的生活。

結婚，是從「我」變成了「我們」，你獲得一些東西，同時，也會失去些什麼。

離婚，是一刀揮下，從「我們」再次變成「我」。

離婚之後，有的人淨身出戶，交完房租之後連吃飯的錢都不夠；

有的人面對的是周圍的指指點點和異樣眼光；

有的人把自己當成罪人，恨自己沒有給孩子一個完整的家；

有的人面對的是對未來的不安與迷茫。

但只有真正面對離婚讓你失去的不悅，你才會真正明白自己在婚姻裡丟掉了什麼，學著重新去撿起那個自己，重新往前走。

重建之後，如果你仍舊想要復婚，想要再給彼此一個機會，那時候，以更好地姿態，站在對方的面前吧。

在這裡，幸知也想多嘴一句，我們要慎重對待離婚，也慎重對待復婚。並不是所有的婚離完以後都可以修復的。如果我們沒有解決好過去婚姻中存在的問題，那麼復婚只是回到過去的痛苦中，不代表事情會有根本的改變。

當然如果我們下定決心離婚並且能夠一步步重建強大的自我，那麼也不要猶豫，不要回頭。更大的世界，更好的自己，更加美好的另一半，終將在生命中出現。

每個人都有自己的渴望，我們的參照物是誰，決定了我們最終成為誰。

如果離婚，孩子怎麼辦？

文／蘑菇姑姑

上週參加閨密聚會，遇見 DY，問她最近如何，她嘆了口氣，我們就知道她要說什麼了，果然，她一如往常地說：「我還是總想離婚，怎麼辦？」

問題是聽她說要離婚好幾年了，也沒見她有動作。

DY 與丈夫是相親認識的，沒見幾次，一想兩人年紀大了，各方面也都相匹配，就結婚了，剛開始生活還行，可是在她女兒 2 歲的時候，因為一件小事，丈夫竟然對她動了手。我們都以為她會因此而離婚，誰知不久之後她竟然懷了二胎。

生下二胎不久，他們還是經常吵架，丈夫的態度是避而不見，夫妻倆經常冷戰。「都這樣了，你早就該離婚了。」閨密們都說。

DY 搖頭嘆了口氣，開始訴說自己不離婚的理由……

不離婚的理由

第一個理由：沒有錢，孩子還小，離了婚怎麼活？

她有兩個孩子，且為了帶兩個孩子，已經辭職一段時間了。兩個孩子都還非常小，小的還在餵奶，她無法甩手不管。

如果離婚，他們的開銷以及養育任務都是重擔，都要壓在她一個人身上，這是非常大的壓力，她一個人應付不來。

第二個理由：孩子需要父親

雖然老公幫不上什麼忙，但是他在那裡，偶爾還可以叫他做點事，孩子生病了總有人搭把手……而離婚了之後，孩子會知道這個家庭裡是沒有爸爸的，這對孩子也是一種心理傷害，即使我能適應，對他們來說還是不太好……

第三個理由：既然對婚姻失望了，那換個男人也是大同小異

她說婚姻就是捆綁，即使你喜歡吃巧克力，天天叫你吃個夠、只准吃巧克力，你還能喜歡吃巧克力嗎？婚姻就是這樣的。兩個人被捆綁在一起，這個設定本身會毀掉一切感情。理論上說，就算換了一個男人，但只要是捆綁，那結果可能都差不多。

悲觀的 DY 認為，既然如此，那我也不要輕易換人了，反正只要結婚了都差不多，換來換去也麻煩。

我的天，真是不幸的婚姻出哲學家。普通的家庭主婦 DY 說出的這三個夫妻關係這麼糟糕還不離婚的理由，我竟無力反駁。

她說出了現代婚姻的三個本質作用，合作養育、財產私

有制、一對一連結的安全感，對現代人來說，失去了哪一個，都是沉重的打擊。

因為在現代社會中，尤其是對女性，離異再婚的機會、經濟發展的機會、養育的社會支持，都是不夠的。

所以對於女性來說，在一段糟糕的婚姻裡，她即使心如死灰也很難下定決心離婚，不是因為還愛丈夫，而是因為生存的無力感和對感情的灰心。

我身邊有很多女性朋友都曾經對我說過，自己心裡有過100次離婚的念頭，但都「湊合」過了下去。正如那句「總是在買菜刀的路上買了菜回家」，這也許就是今天大多數不幸婚姻的常態。

依賴模式：離不了婚，因為人格不獨立

想離婚的具體理由當然有很多，涉及每段感情的獨特性。但最終離不了婚，留在一段糟糕的關係裡，大體上都有一個很本質的問題，就是恐懼。

恐懼獨立，恐懼一個人面對未知的困難。不是此刻有多好，而是一旦離開此刻，卻不能確定下一站在哪裡，因為那個未知比眼前的黑暗更讓人無助。

所以離婚，要面對的不僅僅是現實難題，更是一個心理上的信心問題。

前段時間有一條新聞，一女孩在英國留學時慘遭男友殺害。她在英國留學期間，遇到了在酒吧工作的男友，和他戀愛了。她愛他，為他交房租，買車。

但兩人交往不久，女孩便發現男友有暴力傾向，男友會經常對其進行毆打，並辱罵她「一文不值」，常常說她「不值得他付出」。但即便這樣，女孩還是沒有離開男友。

案發當天，女孩去倫敦看望朋友，晚上男友把女孩從火車站接回家，然後開始抱怨她不關心自己。後來兩人吵了起來，接著男友對其拳腳相加。在女孩睡著後，男友仍繼續毆打對方，直至將她殘忍打死。

一個富家女，15 歲就到英國留學，會 3 種語言，這本是一個優秀的、有燦爛未來的女孩。然而她在持續遭到毆打時還選擇留在糟糕的男友身邊「無私付出」！為什麼？

因為決定我們留在一段糟糕的關係中的，可能是自己心中病態的依戀情感模式。

女孩從小的成長環境，讓她覺得非常孤獨。父母忙於生意，她很渴望被人關懷、有人陪伴。所以交了男友後，她一想到分離，就覺得不能忍受，甚至寧受捱打都要「被人收留」。

就像《令人討厭的松子的一生》這個電影裡，從小缺愛、擁有討好型人格的松子說的那樣，只要男人願意接受我，我就覺得我是幸福的，否則就覺得自己一文不值。為此，她其實不太注重男人的本質好不好，她關注的是一段關係的維持對她本人的意義。

她的自我價值來自找到了一個情感「連線」，哪怕那個連線是病態的。因為沒有人「收留」，她就感覺不到自我價值。在這樣的情況下，即使她知道對方是一個不夠好的人，也會說服自己留下來。

自我價值：你相信自己配得到好的感情嗎？

DY 所說的男人都差不多，只要捆綁在一起生活，最後都會一樣，只對了一半。

在感情中我們經常會犯的一個錯誤，就是小數據偏見。即實際上我們只交往了幾個異性，我們卻很習慣說「男人都怎麼樣」「婚姻都是怎麼樣」。

其實，人和人的差異很大，在情感關係的探索中，捆綁的設定肯定會帶來一些去理想化的東西，但實際上，和什麼樣的人捆綁，本質還是不一樣的。

世界上其實有優秀的人，只是你在過往的人生中沒得到過，於是你就習慣性地說「沒有這樣的人，沒有這樣的感情」，因為這樣能合理化你所受的苦，讓你感覺好一點。

然而，世界上好的感情其實有很多，只是你會習慣性地關注身邊那些不好的感情，來平衡自己的不幸福而已。

有很多人寧願守在糟糕的關係裡，正是因為本心對於美好的不相信，覺得自己其實不配得到那麼好的感情，想都不敢想。

可能這就是糟糕的關係給你的最大限制。

我曾經有一個來訪者小 U。她大學剛畢業，來找我是因為就業壓力很大，很憂鬱。當時的她萎靡不振，對自己極度沒信心，每天都在懷疑自己是否能找到好的工作。

隨著諮詢的深入，我了解到她的這種自我印象，來自她的男友。這個男孩經常會有意無意地打擊她：腿粗，長相不好，太胖，不是名校畢業……甚至會說前女友如何如何好。「就你現在這樣，在競爭中一點優勢都沒有！」

幾乎每天被男友進行打擊之後，她就越來越離不開男友。她覺得，他是那麼優秀，而她這麼弱小，什麼也做不好，離開他到哪裡才能找到這麼好的人呢？

這時候男友就會說「放心，我會管你的，你還是要靠我」。

一段糟糕的關係往往會讓你的自信低到塵埃裡。而當你的自我價值設定在某個範圍之內時，你就限定了自己的選擇，在情感上不是開闊了，而是狹隘了。

這正跟我們在生活中被壓抑太多有關係。因為生命力本身沒有被允許長起來，所以我們很難相信自己會綻放，會值得更好的感情，只敢縮在角落裡期待一個（糟糕的）人的「拯救」。

在感情中，我們要有四個「斷捨離」的思維

沒有分不了的手，也沒有離不了的婚，只有不想分和不想離的人。如果你想離開一段讓自己痛苦的關係，或者說哪怕你在一段幸福的關係裡，你都需要保持隨時能夠對這段感情進行「斷捨離」的能力，只有在能隨時離開的狀態裡，你才能夠真正自由地、開放地愛他人。

以下四個思維你有嗎？

你擁有說不的能力嗎？

這個世界上最大的自由不是你想做什麼就去做什麼，而是你不想做什麼的時候，能說不。

而說不的能力其實就是一種選擇自由的權利。婚姻不是只准入，不准出的，它有退出機制，那什麼時候該退出？你有自己的底線嗎？

當你的婚姻觸及你的底線，你能掉頭就走，擁有這樣的自由能力，你才真正是獨立的。這樣自由出入的背後，有經濟的獨立和人格的獨立作為基礎。

沒有人能讓你放棄自己的人生，即使是孩子，這個信念你有嗎？

為了孩子留在婚姻裡是一個糟糕的理由。孩子會有自己的人生，他有自己的選擇，即使他要面對父母離異和單親家庭，也不代表必然會受到傷害，只有對離婚的不妥善處理才會傷害到孩子。而你先要顧及自己的人生，才有能力做一個好媽媽。

及時止損，你知道那個止損點嗎？

糟糕的關係永遠需要及時止損，你已經花了很多精力在一件糟糕的事情上，這意味著你要馬上放棄，而不是用更多的錯誤來證明這個錯誤是對的，且實際上也永遠證明不了。在關鍵的時候，你一定要理性、清醒地保持及時抽身的能力。

你不會因為離婚覺得自己失敗吧？

離婚，不一定是一件壞事。有人說現代社會中離婚可能是最上進的事，因為這意味著我們不願意再湊合，意味著我們對生活有自己的追求，所以我們才勇敢離婚。

離婚所需要的勇氣比結婚大多了，只要這是一個正確的決定，你就應該肯定自己。

所以，其實真的沒有必要害怕失去一段關係，如果這段關係不能滋養你，那麼失去它，是一個新的開始。要知道，離不開一段糟糕的婚姻，很可能你也無法鼓起勇氣離開一份不合適的工作、一種不合適的生活。

不管離不離婚，每種生活，都有代價

這個世界上，永遠只有少數人，真正過上了他們想要的生活，他們就是 —— 認清了生活真相之後，依然熱愛生活並且勇敢選擇的人。

如何在親密關係中自處？

文／于琦

有時候，嫁給一個人，可能就是嫁給了他全家

「于律師你說說，我到底是嫁給了他，還是嫁給了他全家？」問這句話的是何麗麗。她跟我講了他們夫妻兩個人的經歷：

大學時候他們就認識了，胡帥當時以「酷」著稱，他是學生幹部，每年都拿一等獎學金，但是對女孩子，他卻愛搭不理的。

其實他也不是不理，是理不起。胡帥的媽媽有輕度殘疾，他是家中的老大，下面有一個弟弟兩個妹妹，全家就胡帥爸爸一個人賺錢，所以他從大二就開始做家教，19 歲以後就沒伸手要過家裡的錢。

何麗麗對胡帥有意思的時候，同宿舍的閨密提醒她：「他家裡窮，你們以後負擔會很重。」

那時候的何麗麗，誰勸都聽不進去，她想的是：這麼可靠的男人去哪裡找？又孝順、又勤勞，靠雙手賺錢，遠比啃

老的男生好得多。於是他們大學剛畢業就結婚了。

第一套房子是胡帥公司分配的，裝修的錢都是何麗麗家提供的。

房子一下來，就成了胡帥老家的在這大城市的駐點。

短短兩三年，共接待胡帥家的親戚 20 餘次，不是今天弟弟來找工作，就是妹妹來玩，或者是姑姑、伯公來治病，一開始何麗麗沒說什麼，還經常請假陪同，光是名勝古蹟，何麗麗那一年就逛了 5 次。

何麗麗一直忍，她想著生了孩子會好些。

結果她生了個女兒，說好要來幫忙坐月子的婆婆，現在卻說自己的腳有問題，沒辦法照顧，最後還是何麗麗的媽媽來照顧。

更讓何麗麗崩潰的是，她準備生孩子用的住院押金，被胡帥偷偷寄給了妹妹（他事後說，妹妹沒錢會輟學），都沒找她商量一下。

月子裡兩個人就開始吵架，何麗麗說：「為什麼你家裡，人也不出，錢也不出？」胡帥回嘴：「我是長子，家裡就應該有長孫，你自己不爭氣，怨得了誰？」

以前何麗麗大大咧咧，都是自己賺錢自己花，等她開始考慮離婚的時候，她才發現，胡帥寄錢給弟弟妹妹是常事，一年內不下 10 次，而何麗麗不但要自己賺錢養活自己，娘家還要倒貼補。

只要何麗麗一質問，胡帥的解釋就是：「城市賺錢容易，老家哪有機會，現在也沒有餓到你們母女啊？」

何麗麗下定決心要離婚，找我諮詢法律問題的時候，兩個人的關係已經水火不容。

結婚前的何麗麗，天真地以為，結婚時只要我愛他他愛我就足夠了，父母、兄弟姐妹、親朋好友的問題算什麼？

結了婚她才明白，嫁給一個人，很多時候就是嫁給了一個家庭。選擇了一個勤勞、靠著雙手賺錢的「鳳凰男」，就要跟他一起背負家庭的重擔，這是為選擇付出的代價。

他家的資源，會影響到你們小倆口 10 年內的生活品質。

他家父母的相處模式，會延續到你們夫妻乃至下一代身上。

想挽救一個男人？醒醒吧

調查顯示，「賭博、酗酒、社交能力強」三樣齊備，出軌率百分之百。小琴老公就是這樣一個男人。

小琴是單親家庭長大的孩子，媽媽怕她受傷，什麼人都不讓她接觸，小琴也從小就特別聽話。

小琴和老公其實在她爸活著的時候就認識，只是後來他們家從商了，兩個人就少來往了。

長大後再次見到他時，小琴二十幾歲，他那時意氣風發，小琴被深深迷住了。因為，他過著與小琴完全不一樣的生活。

小琴在 25 歲時，被他第一次帶著去夜店，在那裡，他與一個女人十分曖昧地說話，小琴坐在一旁不敢抬頭，假裝玩手機。

過了一會，小琴覺得自己在現場不合適，假裝出去上廁所，回來發現，他們倆還在那裡，並且姿態更加親密。

又過了 10 分鐘，小琴實在難熬，站起身小聲說：「我想回家，你跟不跟我走？」

他扔下那個女人，大聲吼：「你這個女人，好沒有情調啊，真掃興。」

回到家小琴哭了很久，不知道跟誰說，於是她向未來的婆婆打電話告狀，結果婆婆說：「就是因為你沒有氣場，她才這麼囂張，如果你氣場強的話，人家敢嗎？我兒子說得對，男人最忌諱的就是丟面子，大庭廣眾的！」

那一刻，小琴覺得，的確是自己的問題，在他們家人眼裡，小琴才是個怪胎。

小琴婆婆每天早上 6 點起床，穿衣打扮，公公沒有見過她素顏的樣子。她直到 60 歲，連生病上醫院，也要穿 8 公分的高跟鞋，而且會把所有的首飾都戴著。

後來小琴才知道，婆婆被診斷有嚴重的憂鬱症。

小琴覺得她老公也有，當他還是小琴男朋友時，小琴就感覺他活得非常累，每天交際應酬到半夜，晚上回來睡不著，一直到凌晨四五點才能入睡，白天基本上都在睡覺。

他胃食道逆流，最忌諱喝酒，但他依然喝酒、打牌、熬夜，好幾次還喝到吐血。小琴不忍心看著他糟蹋自己的身體，小琴想，等我嫁給他了，一定要好好照顧他，為他做飯，把他的胃病養好。

小琴結婚後，才知道他之前有個已經懷孕的前女友，聽說他們辦婚禮，氣得墮胎了。

前女友墮胎後，他很傷心，要跟小琴離婚，小琴死活不同意。他便提出，他要兩個老婆兩個家，小琴不甘心卻也依了他。

小琴那時候覺得，愛，是可以融化一切的，只要自己全力滿足他，他會看到自己的付出，哪怕他是浪子也早晚會回頭的。

對，那時候小琴就像一個「聖母」，想挽救一個失足的少年。

他讓小琴和他的前女友見面，他說「我要看著你們倆成為姐妹」，小琴真的去了，她想，大度，會感化他的。

那個女人笑著告訴小琴「你應該感謝我，我幫你擋住了多少第三者」，然後把故事一一講給小琴。

吃完飯，他就帶著那個女人去賓館，把小琴一個人留在飯店裡。

他賭博輸了，做生意賠了，在外有巨大的資金缺口，小琴跟她媽講，她媽把老底都拿出來，小琴還用她媽的房子做抵押為他貸了款，錢都拿去給他還債了。

但在這之後，他的女人，多到小琴都數不清。

小琴出身於書香世家，從一個單純的女孩變成如今這樣，她都不敢認自己了。猶豫了這麼多年，現在她終於下定決心離婚。

她以前以為，付出得多，男人就會領情，總有一天，他會痛哭流涕地說「感謝你，要不是你，我根本不會有獲得幸福的機會。」

可現實並非如此，男主角沒有變，女主角自己卻變了。

小琴突然想起，高中時候的自己，也總幻想著這樣一齣戲：一個暗戀自己的差生，因為自己的激勵（我會說：你如果想追我，可以，但你必須考入年級前 10 名），從此奮發圖強，考上了明星大學。

然而當時小琴長得不好看，根本沒有差生暗戀她！喜歡勸浪子回頭，這是很多女孩子的通病。

但結婚後才發現，浪子還是浪子，她卻變成了自己討厭的樣子！

沒有一個男人有義務「像爸爸一樣」愛你

很多女孩子都天真地說，結婚前他對我真的很好：天天接送我上下班，每天還幫我買好早餐。結婚以後卻完全變了，不光是沒有這些服務了，連甜言蜜語也沒有了。

婚姻，真的是愛情的墳墓嗎？

其實，並不是婚姻埋葬了愛情，而是愛裡的激情是一種「病症」，讓人荷爾蒙上升，激素改變。既然是病，早晚是要好的！難道有人想病一輩子？

甚至有「毒雞湯」說「你一定要找一個像爸爸一樣愛你的男人」，還真的有大批女孩相信呢！

某位網紅，曾天天在網上秀老公有多愛自己，把老公稱為「超級忠犬」，她自然成為駕馭「忠犬」的「女權達人」。她的公眾帳號裡，一度充滿「男生該無條件愛女生」之類的文章，好多女生紛紛效仿，把她的婚姻奉為楷模。

當頭一棒的是，後來她瘦了 18 公斤，是因為離婚，這才把雞湯式的婚姻模範請下神龕。哪個男人願意被稱為「忠犬」呢？哪個男人有心思一直伺候一個女皇啊？

讓我這個做離婚律師的來甩句狠話：

你缺愛，明明是自己父母欠下的債，憑什麼找一個沒血緣關係的男人來償還？

沒有人，有義務像爸爸一樣疼你，你已經 30+ 了，連你的父母也沒義務還給你什麼，要治癒，靠的是自己。你如果把這個期待轉嫁給老公，失望是早晚的事。

我有一個客戶，三十不到，第二次離婚了。曾經，她的爸爸媽媽多次鬧離婚，爸爸打媽媽，總是不回家，相當缺少父愛的她，22 歲大學畢業就嫁了人，但不到兩年第一次婚姻就結束了。

剛離婚後，她碰到一個男人，他只是中午幫她送過一次飯，她就把這份愛無限放大，感覺又遇到能疼自己的人了。離婚後不到一年，她就嫁給這個無業的男人，自己倒貼婚前房產來住，自己養孩子、養男人，可這一次傷得更深，這個男人不僅酗酒，還家暴，她只好再找律師來起訴離婚，這一告，就是近兩年。

她多次跟我講，自己就是遇人不淑，但她依然相信——「街角有一個剛剛好的男人在等她」（她的原話）。我多次勸她從自己身上找找原因，不過卻沒有什麼用，她只是哭，還覺得我在指責她。

自己找原因，是承擔自己人生責任的唯一方法。當你把責任推給他人時，這就意味著你把選擇的權利也一併交給了他人。反之，只有自己去做點什麼，自己的命運才能由自己掌握！

送給這個未婚女孩一句話，也送給所有已婚者：

如何經營親密關係，是一輩子要學習的課程，活到老學到老。付出這份努力，不僅是為了找到一個好的伴侶，經營一份好的關係，更是為了認清我們自己，好好愛自己！

我 35 歲，剛剛離婚，想告訴你 4 個撕心裂肺的教訓

文／郭友強

閨密小菲，35 歲，剛剛結束了不幸的婚姻。

她在大學的最後一年，認識了後來的老公。年輕人的愛情總是激情大於理智，當其他同學正在忙著畢業找工作時，兩個人就因為有了孩子而選擇閃婚。

婚後，小菲全職在家，剛開始她十分憧憬婚後的生活，那應該是平淡中帶著幸福。一想到這裡，她的臉上總是充滿笑意。

身為全職太太的她一心撲在了家庭上，帶孩子、做家務、照顧公婆、打點老公的生活，這樣的日子讓她格外心累，她渴望得到愛人的肯定和關心。

可是婚後老公對她的態度，卻有了翻天覆地的變化。

曾經對她百依百順的愛人，不僅對她呼來喝去，回家只顧著一個人享受，甚至除了偶爾逗逗孩子，對家裡的一切不聞不問。

有時候小菲勸他，能不能稍微分擔一點家務，老公卻

總是有許多藉口，要麼是工作太累，要麼是還有工作沒處理完。

日子久了，兩個人越來越陌生。婚姻變成了交易，除了上班賺錢，這個男人什麼也不做；而自己除了照顧家庭，也不知道能和他在一起做什麼。

最讓小菲意外的是，自己這麼委曲求全，老公卻向自己提出了離婚，理由是自己再也給不了他心動的感覺。

其實任何一段感情，都不是突然變壞的，而是一點一點地發生變化，只是很多時候，我們就算發現了也不敢承認罷了。

小菲的婚姻，沒有出軌，沒有背叛，但看起來似乎很美好的婚姻外殼早已密密麻麻地布滿了裂痕。

當一些徵兆出現時，如果自欺欺人地選擇視而不見，那我們遲早要面對最糟的結局。

對彼此不再好奇

結婚前，是小菲最幸福的一段時間。

老公每天固定的安排就是想方設法地逗自己開心，把小菲照顧得面面俱到，堪稱模範男友。

自己那時也溫柔體貼，所有心思全都放在了對方的身上。

可是結婚後，這一切就全變了，兩人怎麼也找不回當時的感覺。戀愛時兩人也會吵架，但是很快便會和好；婚後的吵架，雙方卻誰都不退讓，最後不了了之。

小菲經常覺得不斷地吵架，會把感情都吵沒了。真的是這樣嗎？

從心理動力學（Psychodynamics）的角度來看，吵架僅僅是一個訊號，表示我對你很有興趣，我想了解你，也期待你了解我，但當時兩個人之間的連線被堵住了。

小菲的婚姻走不下去，問題不在吵架，而是在於兩個人對彼此都不那麼好奇了。

當然這也和結婚前後的心態變化有關。

結婚前：他是怎麼想的？他為什麼會這麼想？我好想了解他。

結婚後：他就是那樣一個人，我還不了解他？他就是這麼想的。

婚後滿滿的自信，覺得自己了解對方，吵架的焦點，也就放在了事情的對錯上。

執著於對錯，婚姻也就開始變味了。雙方都據理力爭，內心就會開始出現一個聲音：「他（她）不了解我。」這個聲音足夠堅定、足夠強大的時候，也就是彼此對另一半心死的時候。

而對抗這個聲音最好的武器 —— 我們的好奇心，早就消失不見了。

不斷地妥協

對小菲來說，也許過早地進入婚姻是個不安定的因素。

因為結婚，她就不得不面對一個問題，要和以前很多的生活內容說再見。

週末幾個閨密約好一起逛街，但自己需要照顧孩子，只能告訴自己，照顧孩子比較重要，或者直接否定掉自己想去逛街的想法。

老公也是一樣，明明想一下班就躺在床上不起來，但不得不為了房貸和奶粉錢，努力加班。

當雙方都為了婚姻生活，不斷地犧牲、壓抑自己的慾望和需求時，委屈和憤怒也在累積，可能是指向對方，可能是指向婚姻。

不斷地妥協、不斷地壓抑或否認自己的需求和感受，等於盡量不做自己，把自己的一部分犧牲掉，隨之產生的必然是內心委屈的不斷累積，當心裡總出現「憑什麼」的聲音時，這些委屈便開始爆發了。

小菲夫妻兩個人都努力扮演著婚姻中的角色，自己被壓抑的需求卻無處訴說，只能憋在心裡。

當婚姻變成了為自己帶來委屈的代名詞時，雙方也就慢慢不再留戀婚姻了。

謊言摧毀信任

小菲的婚姻裡沒有不忠，沒有出軌。但是夫妻之間的信任還是被一件件雞毛蒜皮的小事摧毀了。

老公吃過晚飯之後，就斜靠在沙發上滑著手機，小菲在收拾餐具，並時不時抱怨幾句。老公聽了之後，就說：「我在和同事聊工作啊。」

小菲一開始沒有多想，收拾好桌子之後，忽然覺得有點不對勁，走過去一看，老公正在全神貫注地打遊戲，還戴著耳機怕自己聽到。

吵了幾句之後這件事就過去了，但類似的事，卻不斷蠶食雙方的信任。

婚姻中的信任不同於社會生活中關乎經營的誠信，婚姻中的信任更關乎的是：我是否相信你能接納我，你是否相信我可以接納你。

對於生活中很多小事，選擇向對方說謊，只是因為嫌麻煩。小菲在看到老公打遊戲時，只會嘮叨抱怨幾句，但並不會阻止他。而老公卻覺得麻煩，想用一個微不足道的小謊言來解決。

而謊言無論大小，都是在向對方傳遞一個訊號：我覺得你並不能接納我，我不信任你。而另一方在接收到這個信息時，也會感受到：我接納不了你，我是不夠好的。

當大大小小的謊言慢慢摧毀彼此的信任時，我們就不再期待對方可以接納自己了，婚姻也就只剩一個沒有內容的空殼了。

心理距離的增加

在離婚前，小菲和我們說過，自從結了婚，感覺一切都變了，她和老公已經很久沒說過心裡話了，戀愛時的甜言蜜語，依然可以聽到，但總是感覺不對勁。

「剛結婚時，我覺得自己的幸福生活馬上就要開始了，沒想到那時才是最幸福的時刻，之後走的都是下坡路。」

愛一個人時，會不自覺地想要靠近他，想在他身邊。社會心理學上有一個說法，一個人面對不同的人，會有不同的社交距離，越陌生，距離越遠，而夫妻有著最近、最親密的距離，心理上的距離也是如此。

在很多人心裡，家就是港灣，另一半就是自己的依靠，難過的時候可以遮風擋雨，可以讓彼此疲憊的心靈得到休息。如果說夫妻之間的心理距離變遠，那麼只能證明，這段感情真的遭遇了嚴重的危機。

而心與心之間的距離變遠，最直接的表現就是，很久沒有和對方說心裡話了。

當然，心裡話不是指「我多麼多麼辛苦，而你卻怎樣怎樣，你一點都不體諒我」這種抱怨指責，說這些只會加重雙方的不理解。

心裡話應該是不帶防禦地說出自己的感受，不談工作，不說孩子，只有彼此，分享那些自己被壓抑的感受和委屈，不要嫌麻煩，也不要擔心對方能否理解和接納。

很多人對說心裡話都有一個誤解，我和對方說了心裡話，對方就必須對我說的這些負責，必須對我的感受負責。

這是大錯特錯的。

自己的感受只有自己能負責，另一半只是陪伴我們的一個聽眾，但我們對聽眾要求太高，結果往往就是把聽眾趕走了。

當然，出現上述徵兆，並不是說明這段婚姻就無可救藥了。

這些徵兆，只是一些婚姻出現問題的訊號，告訴你是時候要做出改變了。

經營幸福，你必須努力，沒有捷徑。

我也相信，越早地發現問題，也就越有充足的時間去解決問題。

一個中年女人的自述：老公破產後，我想離開他

文／宋金娥

給幸知：

老公在一次投資中，虧掉了幾百萬元。我害怕離婚後，別人說我狠心，說我是個崇尚物質的女人，只能有福同享不能有難同當。但是我真的很想離婚。

老師，我該怎麼辦？

答：

非常感謝今天這位朋友提了一個很現實也極具代表性的問題。

說它現實且有代表性，是因為在當今經濟大環境下，這樣的事件每天都可能在不同的角落裡發生。

生意失敗導致負債，一家人的生活突然陷入困境，當前生活成本又那麼高，生存、養小孩、贍養老人等，像幾座大山，會瞬間壓得人喘不過氣來。如果再有銀行或個人的催債，真的會讓家庭成員承受空前的精神壓力，甚至處於情緒崩潰的邊緣。

關鍵是這樣的事情，明明是老公的個人行為失誤所致，卻要妻子跟他一起去經歷這個磨難，妻子心裡自然是委屈而不平衡的，會覺得自己好冤，他犯的錯，憑什麼要讓我去承擔後果，這又不是我的錯！

我想每個有類似經歷的妻子，產生這些想法和念頭，都是非常自然的，也是完全可以被理解的。

妻子經歷這樣的事情，心裡會產生大量糟糕的情緒和感受。妻子為這個家付出很多，這些情緒和付出，是否能被老公看見？是否被允許表達？妻子有無其他的社會支持系統，來理解和接納她痛苦的感受？

這些點在這個時候就顯得尤為重要。

如果這些感受和情緒能夠被很好地看見和「言說」，但妻子依然有離婚的想法，這便是基於相對理性的思考後的決定。如果妻子心裡的苦無法被「言說」，不斷冒出離婚的想法，很可能就是心理學上講的一種「見諸行動」，又叫「行動化」。

就是說，當我們的內心有很強烈的感受時，我們無法說出這些感受，就會去採取行動。比如，有的夫妻一旦生氣，就會打架、摔東西，不跟對方講話，無視對方，或者離家出走，這些都屬於「行動化」。

就像我們跟同事或朋友在一起，如果他的某些行為，讓你非常憤怒，你可能選擇去跟他說清楚，問問他是怎麼想的，也可能你根本不會那麼做，你只想跟他絕交，不再來往，以此來表達你的憤怒。

我說這些的意義在於，我們首先要去區分，一個行為，比如這位朋友說的想離婚的衝動，是來自理性的思考？還是在表達自己內在強烈的情緒？

因為這位朋友只說老公投資虧損了幾百萬元，我們不知道失去這幾百萬對於她的家庭是一個什麼樣的影響。

是完全讓這個家被困住，無法正常運轉？還是說可以承受，只是讓自己非常生氣，氣他做了一件比較愚蠢的事情？

如果妻子非常生氣，而這個氣又無法表達，老公同時因為自己的懊惱或挫敗，無法看到和安撫妻子的情緒，這就容易讓這個經濟問題引發兩人之間的彼此傷害。

「想離婚」，可能就是一個懲罰對方的行為，是一個「行動化」而非理性的思量。

什麼叫「理性的思量」呢？

比如，去認真思考你們夫妻的感情基礎如何，最近幾年關係怎樣，老公虧損之前，你在夫妻關係中的需求是否能被滿足，包括情感和性，以及尊重的需求等。

這些都很重要，因為夫妻關係沒有血緣連線，不像親子關係，無論怎樣父母和子女都無法改變血親的事實。血緣會把雙方捆綁在一起，無論孩子怎樣，父母都無法拋棄，可能還要為之買單。

而夫妻卻不一樣，感情好時，可以為對方掏心掏肺；感情消散時，便形同陌路。所以，夫妻關係更多是靠情感來維繫的。

如果你們之間有愛，會願意為對方付出，共同承擔責任，甚至犧牲自己的一些利益去幫助對方，這些都是情理之中的。

如果兩個人的感情本來就不好，甚至老公在過去的生活中有很多傷害妻子的行為，比如出軌、家暴，或者無視、忽視、不尊重妻子，那麼此時再讓妻子去為了他犧牲自己的生活，妻子的內心自然是不情願的，對妻子來說，這也是非常不公平的。

當然，除考量你們的情感因素之外，妻子也需要去想一下，老公這次投資失敗，你心裡是怎麼看待這件事情的。

也就是說，你認為這樣的結果主要是什麼原因所致？是外界的因素，還是他的自身因素？

這件事情是否反映了老公的一些人格特質？比如總想走捷徑，凡事衝動，投機取巧，想不勞而獲等，還是說，他其實是一個很成熟的人，這次失敗只是機率或運氣的問題，或者受大環境的影響？

我不知道你們的婚齡有多長，你跟老公在一起的時間有多久，你對他的了解有多少，判斷是什麼。

我的意思是，你可以更理性地對他有一個相對客觀和全面的判斷，看自己是否還對他抱有希望，還是他已經讓你失望透頂。

在這裡，我強調一下關於女性在婚姻中容易迷失自己的現象：

心理學上認為，人的某些行為其實並不受理性思考的支配，而是受內在「潛意識」的影響。

比如：有的女性自身存在「拯救情結」，總會幻想她可以把一個大家不看好的男人改造好。殊不知，這可能是自己的執念，是自己內心的「情結」在發揮作用。

有可能在她原來的家庭裡，有一個不被母親看好的父親。父親憂鬱不得志，或者總是讓母親失望，那麼在她小的時候，她可能就會形成一個願望，希望父親這樣的男人能被好好對待。

而這個願望對於她一個小孩子來說，是難以實現的，所以願望就會被壓抑到潛意識裡。

長大之後，她就比較容易被擁有此類特質的男性吸引，潛意識裡希望自己能讓這樣的男人滿意和幸福。所以，這導致很多女性會去選擇一個很多人並不看好的人，而這往往會讓自己的生活陷入痛苦、困境之中，無法自拔。

當然，上面只是我對某些現象的舉例，跟今天這位朋友的情況也許關係不大，因為我對她當前婚姻及原生家庭的資訊並不了解。

所以我只是在此提醒更多的女性朋友，對自己有更多的了解，才可能擺脫那些束縛自己人生的東西。

讓我們回到剛才的話題上，這位朋友如果對老公有深入且理性的判斷，就可以確認他是不是自己可以共度終生的伴侶，他是否值得我信任，我對我們一起生活下去有無信心，而不僅僅是糾結於當下虧損了多少錢的問題。

當然，還有你自己提到的，擔心被人說狠心，但是自己又很想離婚。

聽起來這是你的一個衝突點，而在我看來，你們之間的感情基礎，以及你對他的人格的一個基本判定，都要比別人的評價更重要。當你可以把關注點轉回自身，回到自己真正關心的問題上時，外人的評價自然就沒有那麼重要了。

我想你之所以如此關注外人的評價，或許和你的成長環境有關。

可以回想一下，在你小的時候，父母或其他養育者是否允許你有自己的想法及決定？是否真正關心你心裡是怎麼想的？你需要什麼？他們是否總是站在成人的角度來評價你某些行為的好壞？我想這些經歷都會影響你現在是否可以做出一個自主的行為。

也就是說，也許本來別人的看法、說法並沒有那麼重要，而在你這裡似乎是比較重要的，這恰恰是我們要去覺察和思考的問題。

當我們對自己有了更多的了解和思考的時候，我們才可以保證自己的決定是發自內心、真正自主、為自己負責的，同時也是讓自己越來越好的，而不是在重蹈覆轍。

當然，因為今天我所能了解的資訊有限，不知道你的年齡及更多的情況，比如有無未成年的孩子要撫養、個人經濟收入如何等，而這些都需要你去綜合考慮。

如若離開，一定是為了讓自己的生活更好，有孩子的話，同時也要保障孩子的成長環境。

若要堅守，那你心裡也一定很清楚地知道自己這樣做的理由是什麼。即便這樣，有可能你的心裡依然是委屈、難過的，這就需要你們夫妻共同去面對，必要的情況下，可以尋求專業人士的幫助，讓你們共同度過當下的難關。

我想無論你做出何種選擇，只要是尊重自己內心，是理性的選擇，別人都無權干涉，也無權評論，因為他們無法為你的人生負責。

你有權利去追求對你來說更好的生活！

祝福你！

這 4 個女人，380 萬人都催她們離婚

文／洛羽

網路上有一個問題，「哪個瞬間讓你對婚姻死了心」，得到許多關注和回覆，一下就上了熱門話題。

「願得一人心，白首不相離」，多少女人懷著熱愛與憧憬走進婚姻，卻被現實當頭澆下一盆涼水。

明明就是為愛結婚，為什麼走到半程卻越走越死心呢？

曾經轟轟烈烈的山盟海誓，終究敵不過日復一日的柴米油鹽嗎？

帶著疑問，我採訪了 4 個女人，想看一看，在沒有出軌和家暴的前提下，是哪個瞬間，讓她們對婚姻死了心。

01

小米，28 歲，公司職員

25 歲那年，我在相親中遇見了他，聊了幾次之後才發現，原來我們住在同一片區域。

有一天我加班到很晚，那段時間社會新聞頻傳，我不太

敢開車去地下停車場，鬼使神差地向他傳了訊息，他秒回，並站在停車場入口等我。

那一刻，一貫獨立的我突然覺得有人陪著也不錯。

就這樣我們結婚了。

新婚第一年，我們經常出去約會，兩個人像氣球一樣慢慢胖了起來。

不知道從什麼時候起，畫風就變了。

我們之間的話越來越少。他一回家，要麼往沙發上一躺玩起手機，要麼往電腦前一坐打起遊戲。整整一個晚上，我們都很難說上幾句話，更別提出去約會看電影。

有一次，廚房的燈泡壞了，我開著抽油煙機的燈湊合著做好了飯。我告訴他燈泡壞了，需要買一個新的換上。

他「嗯」了一聲。第二天，燈泡依然是壞的，我依舊開著抽油煙機的燈做了晚飯。我對他說，燈泡需要換了。

他說：「嗯，知道了。」

第三天，燈泡依然是壞的，我有些生氣，語氣不太好：「燈泡壞了，你又忘了換嗎？」

他說：「嗯，明天一定換。」

第四天、第五天，燈泡還是沒換，我沒再做飯了，我說：「燈泡壞了，我做飯很困難，你到底什麼時候能把燈泡換了？」

他也怒了：「不就是一個燈泡嗎？有必要天天催？」

那一天我們冷戰了，說是冷戰，其實跟日常也差不了多少。他依舊窩在沙發裡玩遊戲，看也不看我一眼，而我也懶得看他了。

後來，路過五金店，我自己買了燈泡，按照老闆口述加網上搜尋，自己換好了燈泡。

開啟開關，燈泡亮了，我卻突然覺得對婚姻很無望。

我自己賺錢自己花，下得了廚房，換得了燈泡，嫁個人連話都沒得說，我找個男人供著、伺候著幹嘛？受虐狂嗎？

02

小滿，33 歲，白領

我從小在奶奶身邊長大，爸爸媽媽都在另一個城市裡忙事業。上學之前，我的生活裡幾乎只有奶奶和我，冷冷清清，沒有什麼趣味。

一次同學聚會中我遇見了他，酒桌上的他如魚得水，很受大家的歡迎，是我很嚮往的那種熱鬧氛圍。

沒結婚的時候，他常常帶著我跟朋友聚會，三五成群，吃燒烤喝酒，我才發現原來生活還可以這樣過。

可是結婚有了孩子後，我才發現，他依舊熱鬧地生活，卻把我獨自留在了家裡。

沒時間帶孩子出去玩，他卻「有朋自遠方來」，要去招呼。

沒時間帶孩子上才藝班，因為他的朋友結婚，他要去幫忙。

沒精力帶孩子看病，因為他正處於專案重要階段，要去應酬。

那次，孩子高燒 39 度，深夜我帶著他叫計程車去看診、檢驗、繳費。

凌晨的急診就像春節時的火車站，別人家三五個大人圍著一個孩子，我卻獨自揹著孩子，像個無家可歸的遊魂。

那一刻我就想放棄了，如果每天都是喪偶式生活，結婚又有什麼意義呢？

03

小菲，31 歲，全職媽媽

結婚第二年，我們有了一對雙胞胎，他高興極了，我卻隱約有些擔心。

婆婆身體不好，媽媽還沒退休，兩個嗷嗷待哺的孩子，我拚盡全力還是很難兼顧孩子和工作。

那時候，老公創業已經有了起色，年收入翻了幾倍，他說你辭職吧，我賺的錢足夠養活你們母子三個。

幾經掙扎，我還是做了全職媽媽，每天都是孩子和家務，與社會唯一的交流就是買菜時跟老闆討論一下是小黃瓜新鮮還是番茄划算。

他工作越來越忙，回家越來越晚，而我每天帶著兩個孩子也是疲憊不堪。常常是他回來時我跟孩子已經睡了，第二天早上，他匆匆吃完早餐就提包走人，留給我一桌狼藉。

如果哪天他湊巧回家早，我想跟他聊聊天，他就會說「你懂什麼，不要沒事瞎操心」。

有時候，他工作上遇到問題，會帶著情緒回家，家裡氣壓低得可怕，我跟孩子們都不敢跟他說話。

自從有了孩子，我們就再也沒有約會過。有一次約好了週末一起去看電影，我把孩子們安排妥當，準備送到奶奶家，他卻收拾好健身包準備出門。

原來，人家約了私人教練課，早就忘了看電影這件事。約了教練不能改期，他一再道歉，我卻心涼了大半截。在他心裡，「陪我」竟然還沒有教練重要。

他能準時去赴陌生人的約，卻早就忘了和我的約定。在他的心裡，我就是隨時可以毀約的末位選擇，這樣的婚姻還有什麼意思。

04

小林，30 歲，微商

當年生完孩子，我們跟朋友吃飯，他看著別人的女朋友嘲笑我，「你看看人家，再看看你，也不去減個肥。」

那個時候我就知道，我不能做全職媽媽，不然會被他各種看不起。所以，我就跟朋友一起做了微商，雖然很忙，但時間自由，還能照顧孩子。

我們都是很愛玩的人，生孩子前，我們幾乎沒在家裡吃過晚飯，夜生活豐富多彩。生孩子後，他的夜生活依舊豐富多彩，改變的只是我自己。

我每天餵奶、哄睡、換尿布，他去健身、喝酒、KTV。我就是不明白，同樣是第一次做爸媽，為什麼改變的、犧牲的就只有我呢？

坐完月子，我就跟著朋友做代購，現在生意越來越好，我們準備開一個更大的工作室，電話交流比較頻繁。

那天，他坐在電腦前打遊戲，我正跟合夥人討論裝潢的事，孩子突然哭鬧起來，他一下就怒了，「每天就只知道玩手機，孩子哭了也不管，不知道在跟哪個野男人聊天。」

我這叫玩手機嗎？他要是個靠得住的老公，我還需要一邊帶孩子一邊拚事業嗎？我為了這個家勞心勞力，放棄了那麼多，他卻只知道指責，還懷疑我出軌。我要是有精力出軌，那還真的不需要他了。我們吵得很激烈，孩子哭得很大聲。

事後，我很後悔，我跟他吵什麼呢？嚇壞了孩子怎麼辦。跟這樣的男人過日子，真是沒勁。

婚姻也有生命

錢鍾書說：「婚姻是一座圍城，城外的人想進去，城裡的人想出來。」

婚前的山盟海誓變成了婚後的一地雞毛，愛情不是天下無敵，即使沒有家暴和出軌，冷落、嫌棄、不尊重、不理解同樣可以殺死婚姻。圍城中的女人就像一個彈簧，被生活越壓越緊，隨時可能崩壞，而圍城中的男人還渾然不覺。

有部短片中的劇情，女人們在日復一日的蹉跎中對婚姻死心，而男人們卻覺得這沒什麼。

「男主外，女主內，洗衣服、做飯、帶孩子、照顧老人，這不是做媳婦的應該做的嗎？」

「生氣鬥嘴，都是氣話，她就只是說一下，日子還不是得照樣過嘛。」

「她說的那些都是嚇唬人的，不用當真。」

但當他們知道妻子的真實感受時，他們全都開始後悔了。

「請原諒我的自私，我真的不想我們的婚姻走到無法回頭的那一步，以後我會認真聽你的話，以後我們好好溝通。」

原來，男人也害怕失去婚姻。

我們因愛結婚，卻忘了愛情也是有生命的，它會生長，也會衰落，當愛情所有的生命力都被消磨殆盡時，婚姻也就死了。

其實愛情真的不需要驚天地、泣鬼神，只需要生活裡的小溫暖和日復一日的耐心經營。婚姻也不是愛情的終點，恰恰相反，它是愛情的起點，需要表達、需要行動、需要儀式感。

別忘了，日子是兩個人的，就像上述那部短片中所說，「我是妻子沒錯，但你也是丈夫」。

老婆不是永動機，她的付出和犧牲需要動力，而老公的愛和尊重就是最好的能量來源。一個擁抱、一個親吻、一句安慰、一分理解就足以讓她們在家庭中持續發光發熱。

美國作家溫格曾說：「在這個世界上，即使是最幸福的婚姻，一生中也會有 200 次離婚的念頭和 50 次掐死對方的想法。」

不是婚姻無藥可救，只是在平淡無味的生活中，我們漸漸忘了最初相愛的樣子，忘了曾經許下的諾言。

不忘初心，方得始終，常懷愛的真心，喚起愛的行動，不冷漠、不將就、不消耗，才能讓愛情生長，讓婚姻幸福。

最後，請把這篇文章給你的老公看看，也許他能從中發現愛的祕密。

第二章
婚姻啟示錄：
你要知道的婚姻真相

「不完美」的婚姻才長久

文／麗麗赫本

有這樣一對夫妻，他們的婚姻是人人都羨慕的完美婚姻。丈夫深情體貼，帥氣紳士；妻子才華橫溢，溫柔大方。他們是大眾心中的完美伴侶。

兩人結婚 5 年，看起來依舊甜蜜如初，激情不減。所有人都覺得他們是完美夫妻的典範。只是在第五年結婚紀念日的時候，完美妻子突然消失了，丈夫不知道她去了哪裡，於是報了警。

在尋找妻子的過程中，關於完美婚姻的真相在我們面前逐漸被展示，原來看似完美的背後竟是無法預測的可怕深淵。

妻子的消失居然是一場蓄謀已久的計畫，為的就是製造自己被丈夫謀殺的假象，讓丈夫坐牢甚至被判死刑。

不得不說，往往越是完美的婚姻，越是可怕。

01

電影《控制》(*Gone girl*)講述的就是這樣一段所謂的「完美」的婚姻故事。

妻子愛咪和丈夫尼克初次相識時，就被對方吸引。尼克喜歡愛咪的才華美貌、溫柔性感，而愛咪喜歡尼克的深情體貼，風趣幽默。

他們雙方都認為自己找到了夢寐以求的完美情人，於是很快走入婚姻。

在結婚的頭兩年，兩人始終都還在扮演著彼此心中完美情人的模樣。後來尼克的母親生病了，他們從紐約搬到密蘇里州居住。

兩個人表面上看似一對典型的美國中產夫妻，生活體面，感情和諧。

但是事實上自從尼克失業後，他們的婚姻內部開始發生變化。愛咪的父母遇上債務危機，她把自己的信託基金的錢拿給父母還債，尼克責怪她不與自己商量，擅自做主。

尼克失業後開始不求上進，買遊戲機等電子產品，在家窩著打遊戲，什麼都不管。愛咪指責他不思進取，再也不是她眼中那個積極上進的丈夫了。

在現實生活面前，他們雙方在彼此心中完美的形象開始慢慢崩塌。愛咪變得控制慾極強，尼克也不再那樣浪漫深情，以至開始無視妻子。

看似波瀾不驚的婚姻表面，實則藏著波濤洶湧的暗流，而雙方都不自知，也沒有去深入溝通交流，只是選擇逃避現實。

原來他們愛上的只是自己想像中的那個人，而不是真實的對方。當完美的面具被摘下，他們都無法接受這樣的真相，覺得自己被騙了。

02

尼克覺得和愛咪在一起越來越累，甚至感到窒息。於是他在家的時間越來越少，兩人的關係越來越冷淡，彼此交流也越來越少。後來，尼克出軌了。

愛咪看著他又愛上了一個當年的自己，又玩著當年對自己表演過的風趣和深情。她深覺蒙受了莫大的恥辱，這種羞辱感越來越強，激發出愛咪心中的陰暗和狠毒。

她為了報復尼克對她的冷淡、疏忽和背叛——「尼克奪去了我的驕傲、我的尊嚴、我的希望和我的金錢」，精心偽造了一場邏輯縝密、證據充分的令人信服的「被謀殺」。

「我那懶惰成性、說謊成癖、劈腿不忠、健忘麻木的丈夫，會因為謀殺我被關入大牢」，這就是愛咪最終想要達到的效果。

愛咪甚至已經做了最壞的打算，如果最後尼克還不能被定罪，她就自殺。她不惜以生命為代價，也要置尼克於死地。

一個人到底對另一個人恨到什麼樣的程度，才會不惜與他同歸於盡。曾經是親密無間的夫妻，愛有多深，恨就有多深。

對彼此的期望越大，失望就越大。越是自以為完美，在完美的幻象破滅後，內心的空虛感就越強烈。

意識到原來自己一直以為的完美只是一場自欺欺人的騙局後，愛咪開始漸漸迷失自己，只想以報復來解自己的心頭之恨。

03

當尼克明白了這是愛咪的陰謀，他無法理解，愛咪竟然恨他到如此程度，而他竟然全然不知曉。

其實他並不是一點都不知道，只是不願意去想，不願意花心思去了解妻子的精神世界，不願意付出精力去溝通。當婚姻出現問題的時候，他只是逃避、出軌，即使他還是很想和愛咪有個孩子。

他當初愛上的只是愛咪的「外殼」，「尼克愛上的只是我當時假裝的女孩，『酷女孩』。酷女孩代表性感、隨意、有趣，酷女孩永遠不會對她的男人發脾氣，她總是笑意盈盈，喜氣洋洋，活潑可愛，他喜歡什麼她就喜歡什麼」。

如果尼克始終忠誠，愛咪倒是願意將這樣的「酷女孩」演到底，但是他沒有。他先背棄了自己的誓言，開始厭倦自己曾經喜歡的這個愛咪。

說到底，他們都一直停留在對彼此最初的完美印象裡，殊不知，當初他們都為了吸引對方，故意表現出自己最好的一面，但那並不是完整真實的自己。

一個人可以偽裝一時，卻很難偽裝一輩子，如果走入婚姻後，你還是把對親密關係的所有期望放在一個人身上，那結果肯定會令你失望。

因為一段關係只能滿足你的一部分期望，卻不能滿足你所有的期望，就像一個人可以滿足你的部分情感需求，卻不能承擔你所有的情感願望。

當你把所有的期望都寄託在一個人身上，這個人會越來越累、不堪重負。他為了滿足你的期望，不得不努力去扮演你所期望的那個人，久而久之，他總有一天會崩壞。

當他崩壞以後，他就會離你越來越遠，因為你讓他很有壓力。要知道，所有幸福長久的親密關係，一定是輕鬆自在的，雙方都可以做真實的自己。

04

無論是多麼完美的婚姻，它的背後絕對都隱藏著一定的殘缺。在《控制》中，兩人熱情的消散和無數累積起來的矛盾，讓他們這段看似完美的婚姻變得可怕。

一位情感作家說過：我們在婚姻裡最容易犯的錯誤，就是嚴於律人、寬以待己，渴望對方成為完美伴侶，卻放縱著自己的缺陷和不足。

完美的婚姻，從來都是兩個不完美之人的相互包容和成全。

一本書中提到，我們之所以會愛上一個人，我們開始和維持一段親密關係背後的動機，是為了滿足我們未被滿足的需求。

一旦發現伴侶無法滿足自己了，我們就想「控制」伴侶，把他「改造」成我們期待的模樣。

這樣，只會讓彼此越來越累，永遠得不到滿足。

另一本書裡面有一段聊到婚姻關係的話，值得深思：

「對終身伴侶的要求，正如對人生一切要求一樣不能太嚴苛。事情總有正反兩面：對你追得太迫切了，你覺得負擔重；追得不緊了，又覺得不夠熱烈。溫柔的人有時會顯得懦弱，剛強了又近乎專制。幻想多了未免不切實際，能幹的管家太太又覺得俗氣。只有長處沒有短處的人在哪呢？世界上究竟有沒有十全十美的人或事物呢？反躬自問，自己又完美到什麼程度呢？」

我們永遠無法和一個完美的人結婚，我們需要做的便是在漫長而瑣碎的日子裡，在發現伴侶的缺點時，能夠尊重對方，相互包容，慢慢接近更美好的生活狀態。

世間沒有完美的婚姻，也沒有不倦怠的愛情，婚姻中的我們，應當學會接納彼此的不完美，用心經營，才能成就更好的自我和更幸福的婚姻。

何以面對婚姻中的孤獨？

文／麗麗赫本

婚內孤獨，是婚姻的隱形殺手

朋友小美最近跟我訴苦，她想離婚了。

孩子才 2 歲，結婚 6 年，她說這段婚姻真的沒有任何意思了，每天都壓抑得讓人窒息。

她的老公大強每天除了上班，回到家還是忙自己的事，對她從來都不聞不問。

每次小美想要和他分享一下自己最近看的書，大強都很不耐煩。

小美一直以來都是一個文藝女青年，可是她的那些文藝愛好在老公大強眼裡就變成了矯情，更別說讓大強與自己溝通了。

兩個人平時在家時，話也說不了兩句，小美覺得老公完全不能理解自己的精神世界。

特別是生了小孩以後，大強更是對她視若無睹，無論吃飯還是睡覺，他都只是抱著手機，不說一句話。

當小美想要找他交流時，他總說，都是老夫老妻了，有啥好聊的，好好過日子不就好了。

小美覺得，自己雖然結婚了，但是比單身時更孤獨，身邊明明有個人，卻感覺像不存在一樣似的。

她覺得這樣的婚姻讓自己崩潰，有時候面對自己的老公，像是面對一個陌生人，她的情感需求找不到一個出口。

和小美的情況一樣，很多夫妻在一起生活了數十年，卻相處成了最熟悉的陌生人。

他們在一起通常無話可說，無法進行精神世界的溝通。一方會感覺非常孤獨，無處傾訴，另一方卻無動於衷。

這就是「婚內孤獨」，明明結婚了，卻感覺只有自己一個人，只有無孔不入的孤獨感。

婚姻孤獨，源於你對婚姻的期待太高

小美當初嫁給大強，覺得這個男人各方面條件都很不錯，事業有成，有房有車，長得也比較帥氣，很符合她的擇偶條件。

小美滿懷期待地走入婚姻，對大強的要求越來越多，希望另一半可以成為自己的靈魂伴侶。

她希望大強溫柔浪漫，對她體貼入微，能夠走進她的內心世界，與她心有靈犀。

她將所有的情感需求都寄託給大強，希望他能滿足她，懂得她的喜怒哀樂。

可是，她發現大強不僅不解風情，還很木訥，一點也不了解她的心思，從不會做浪漫的事。

她和大強在很多事情上觀念不一致，溝通總是很不順暢。

這樣的男人、這樣的婚姻根本不是她期待中的樣子，小美怨氣越來越重，大強離她也越來越遠。

久而久之，大強為了避免吵架衝突，就選擇少說話，兩人的交流也就越來越少。

小美對大強抱的期望越大，失望也就越大。

其實，小美從一開始就看中了大強的外在條件，覺得他應該是一個理想的結婚對象，並將自己所有對婚姻的期待都寄託在大強身上。

小美的這份孤獨感，其實是來自自己期望的落空，她對婚姻和另一半的期望太高，以為結了婚，對方就能滿足自己所有的情感需求。

這也是很多女人存在的問題，她們把婚姻想像得太完美，對婚姻沒有一個正確的認知。

殊不知，從來沒有一段婚姻能夠滿足你所有的期待，也不會有一個完美的人滿足你所有的情感需求。

婚姻只能解決你的部分問題，另一半也只能滿足你的部分情感需求。

婚姻不過是一場求仁得仁的親密關係，能夠解決你的核心需求，已是一種幸運。

對於小美來說，老公大強會賺錢、長得帥氣、對家庭有責任心，基本滿足了小美最初對婚姻的需求。

只是，隨著兩人的結婚時間越來越長，小美越來越不滿足，對大強的期待也越來越多，希望他能變成自己想要的完美樣子。

但是，在婚姻中，我們能夠改變的只有自己，想要改變對方，結果往往只能是失望。

誰更痛苦，誰就去改變，這才是婚姻的真相。

如果你把所有的期望都寄託於一段婚姻關係，把所有的情感需求都寄託於一個人，那麼你一定會失望的。

只有你自己，才能滿足你所有的期待。

孤獨，不過是自我的內心投射

在婚姻裡，我們對另一半投射的各種期待，其實是自我缺失的部分。

正是因為我們自己身上缺失那些東西，我們才不斷向外索取。

有一本書中寫道：「人在關係中選擇具有特定特質的人，

以符合內在的形象。」簡言之，人有既定的想法，認為什麼人會是完美的伴侶，然後被符合這種形象的人吸引。

他們相信自己能和這個理想人物建立關係，藉此解決生活中的缺憾與不安全感。

但這種想法的問題在於，當尋找某人來滿足自己浪漫的願望時，他們會把重心放到自身以外，於是變得軟弱、不認識自己、無法和他人進行關懷的對話。在關係中，他們的伴侶會成為被擁有的對象，而不是一個人。

不斷向對方索取，要求對方滿足自己的期待，其實正是反映了我們內心的空虛，我們需要對方來認可自己，才能獲得自我認同感。

一旦對自我的認同要靠別人來滿足，我們也就失去了自我的完整性。

在婚姻裡，夫妻雙方不一定需要志趣相投、精神世界共通，只要我們自己擁有完整豐富的精神世界，我們就不會因為對方而孤獨。

內心的孤獨，與另一個人並沒有太大關係。

簡單點說，我們不會因為一個人變得更加孤獨，也不會因為一個人變得不再孤獨。

孤獨不以任何人的存在而被改變，只是自我內心狀態的投射。

一個人最好的伴侶不是別人，而是自己的心，懂得自我滿足，才能建立健康的親密關係。

完善自我，與孤獨友好相處

夫妻關係的親密度，不是取決於一方完全滿足另一方的期待，更多時候需要自己取悅自己。

成熟的夫妻關係，不是把自己的期待強加在對方身上，或者為了成全對方而放棄自己，而是真正實現精神上的獨立。

與一個人結婚，不是滿足自己慾望的途徑，而是兩個人能更好地在婚姻中共同成長。

有位作家說：「兩個人在一起，並不等於兩個人要變成一種生活、一種想法。而是要讓兩個人的世界舒服地碰撞，擦出火花，關鍵是保持兩個世界的完整，人不應只愛自己的影子，或做別人的影子。」

在婚姻裡，我們只有永遠保持自我的獨立完整性，不再總是對外索求，不再將自己的幸福建立在對另一半的期待上，才能在彼此的相處中獲取更多的能量。

當我們更多地向內索求，專注於自我的成長，我們的內心世界會越來越豐富，便不會再被孤獨困擾。

我們會更好地利用孤獨，享受獨處的時光，從而催生出更完善的自我和更親密的夫妻關係。

婚姻「長壽」的祕密

文／于琦、潘幸知

多年前參加一次律師辯論賽時，我認識了一個優秀的師妹，當時她只是個實習律師，是個開朗自信的女孩。

她的家庭背景頗深厚，讓她一執業就有了很多資源，完全不用愁案源。

而且，良好的家庭教育讓她落落大方，她的心態特別好，當時辯論隊的隊長天天找她麻煩，她也總是笑呵呵的。

我當時總想：這個女孩真是有個值得羨慕的出身，家庭給了她完全不一樣的環境。

我們都覺得，這麼陽光的一個女孩配得上擁有一個幸福美滿的婚姻。

遺憾的是，她嫁給了一個特別不適合她的人。

她曾把男朋友帶來給我們看過，男孩正在讀碩士，兩個人長相非常般配，都是高個子，帥哥美女。兩個人家境也相當，最大的不同是她老公非常非常懶散。

辯論賽結束，我們取得了第二名，之後他倆就結婚了。

兩年後我再見到她時，她的變化很大，一直在抱怨，講老公不上進。她還說，她從樓梯上一腳把他踹到樓下去了，還罵他。

我們聽到這些非常吃驚，是什麼讓一個出身高貴的女孩變成今天這樣了呢。

她說：「他不管幹什麼都愛拖，去哪間公司都抱怨。他一畢業我就幫他找好了工作，他做得不開心，又幫他換了個工作，結果他連報到都懶得去，三天打魚兩天晒網，到年底送禮還得讓我去。」

接下來，她基本上不參加我們圈子的聚會了，可能她覺得自己的抱怨，會讓我們對她的印象減分，後來聽說她離婚了。

其實我很心疼這個女孩，她非常上進，短短幾年已經成為了一位很優秀的律師，但他老公的核心，與她完全不匹配。

我做了 13 年的律師，看過很多類似的案例，總結出婚姻失敗的三個真相：

第一個真相：內在的不匹配

我諮詢過這樣一個女客戶，她是個公務員。她說：

「他總指責我，說我就是小國寡民的思想，隨便一點什麼就能讓我滿足了，從來沒想過更大的發展。

「過年過節，他逼著我向主管送禮，說我在公司做了這麼多年，如果有點情商，也不至於混成這樣。

「還有一次我的部門聚會，他非要參加，說要跟我的主管認識認識，說不定他的產品能讓我的主管幫忙推廣。我實在受不了他這麼功利的做法，他的眼睛裡只有錢、錢、錢！」

這就是內在不匹配的兩個人，男人想尋求發展，女人想知足常樂。

而同樣的男人、同樣的做法，放在其他家庭，卻得到了老婆的讚賞。

我有一個做律師的好朋友，她老公是做小額貸款公司的，她是這樣跟我說的：

「我老公可厲害呢，跟我的同事、主管們吃過一兩頓飯，就能把人家全搞定。後來，我的同事和主管都投資了他的公司，這些我都不知道，都是他們私下聯繫的。他就是有見了一面就讓人喜歡上的特質。」

你看，當夫妻二人都喜歡開拓人際關係，對生活的要求也都是「有錢、有地位」時，那兩個人就沒有這種發展上的矛盾了。

我常常想，如果孫中山娶的不是宋慶齡，蔣介石娶的不是宋美齡，那還能否有兩段佳話？

什麼是人生觀？這就叫人生觀。

就是什麼樣的人生才能滿足你，而你最好找一個基本上與你有一樣觀點的人。

第二個真相：人生排序搞錯了

常有客戶問我這個問題：「我們倆都是好人，為什麼兩個好人過不到一起去呢？」

我想說：你光對別人好，對你的另一半不好有什麼用呢？

我身邊有個朋友離婚了，這個朋友，走到哪裡都被稱為好人。

跟好兄弟喝酒，他一定是那個幫所有人找到代駕送回家的；跟生意夥伴合作，他一定是那個出差最多、應酬最多的；他為家裡的表妹、妹夫安排了工作；當朋友有事情求他，他都會第一時間處理。

他的時間，都花在了工作和朋友身上，唯獨對家庭不上心。對，就是有這樣一種人，對誰都好，就是對老婆不好。

因為在他的人生排序中，家庭的地位很低，低過事業，低過朋友。

我還遇到過這樣一位女性，她吃苦耐勞，宗族意識很強。

她每個弟弟結婚，她都拿出了幾十萬元，她覺得自己有義務付出。她的公司裡塞滿了老家來的親朋好友，她覺得成功了也該反哺家鄉父老。

合夥開公司，她不光任勞任怨，還很仗義，公司其他合夥人都分紅了、買房了，她還是不買，她說自己要最後一個分紅。

每年的公司年會上，她都不醉不歸，還帶著孩子參加年會，孩子躺在車裡抓著 iPad 就睡著了。她的辛苦，連員工看見都能落淚。

她老公多次抱怨她的「大度」，他總說：「你把對別人的好拿出來分我點行不行？」

直到她覺得自己很累、很累，她有了第三者，要求和老公離婚。

她老公在她的人生排序表裡，低於宗族、低於父母兄弟、低於事業、低於功名。

人生排序，是需要我們停下來認真對待的。我曾用一週時間，詳細整理了自己的人生，排在第一位的是我自己的心靈平和，排第二位的是我的另一半，接下來才是事業、金錢、孩子、朋友……

這樣，當排位靠後的事情（比如朋友的請求、加班的需求），和配偶的感受相衝突時，我就可以毫不猶豫地做出選擇。

但在亞洲的很多家庭裡，夫妻雙方，尤其是男人，總愛把事業排在家人之前，客戶咳嗽一聲，他都得趕去噓寒問暖，老婆抱怨一週，他也不會關心一下。

這是很多夫妻離婚的原因，有一方或者雙方太不重視配偶。

第三個真相：夫妻不和就找第三者

有一次，我開車，我老爸在後排陪孩子，孩子暈車難受，我老爸一下說「沒事沒事，不難受不難受，這沒什麼。」一下逗她說「哎，你看你看，大高樓、大汽車。」

我猛然發現，原來我一直以來對待矛盾的方法，就是老爸教我的：不是騙自己，就是在逃避。

我要麼安慰自己「沒事沒事，那些比你難受得多的人，都挺過來了，你這樣也沒什麼。」要麼轉移注意力，向表妹打電話、狂刷朋友動態、線上購物。

還好，我轉移注意力的方法不是找第三者。

正常夫妻間，有矛盾是正常的，可是怎麼正視矛盾，這便是智慧。

比如常見的男人打遊戲、男人不洗碗的問題，會吵架的女人，吵一次就可以訂立一個合約：

下次打遊戲後你要洗碗，或者下次你打遊戲，我出去健身，之後我們一起洗碗。

這樣，大量的矛盾都能透過合約解決。

難就難在逃避問題，出軌就是最典型的逃避表現。

比如，嫌親密生活太少，光抱怨、指責是解決不了問題的，關鍵是兩個人得訂立協議，頻率是多少、下次誰主動提，這些細節雙方都可以協商（這就是我們法律家庭的特色）。

但不少亞洲男人不是這樣。當夫妻之間有了矛盾，他們要麼就假裝沒事，許久都不去談這個話題，而下次又碰到同樣的事情，還是要吵架；要麼就轉移注意力，出去找別人，婚姻內的問題，卻到婚姻外尋找答案。這樣結局往往是不愉快的，娶了出軌對象的人，那是極少數。可因此破壞了婚姻的，卻大有人在。

兩口子過一輩子，就像攜手去進行生命的旅行，能互相做「驢友」是最自在的婚姻，你欣賞我的有趣，我尊重你的空間，重要的是互相陪伴。

我們要先有共同的、類似的「目的地」，途中的路線怎麼設計，那是可以協商的。當我走得太快，我可以等等你，可是你別把旅行放之不管，去做其他的事情，也別扔下我去找其他人。

最後，祝福大家都能「執子之手，與子偕老」。

婚姻的最大殺手：冷暴力

文／非也

你被冷暴力了嗎？

「我到底做錯了什麼，該當受此懲罰？」

——瑪麗法蘭絲．伊里戈揚

（Marie-France Hirigoyen）

《冷暴力》

美國有個婚姻關係學專家，約翰．戈特曼，他研究了一輩子婚姻，總結出 4 個最容易導致關係破裂的因素，還為它們起了一個特別暗黑的名字以增加驚悚效果：「末日四騎士」！

批評、狡辯、蔑視和築牆。這四大「騎士」中誰最有殺傷力？是蔑視。

為什麼蔑視的威力這麼強大？很簡單，傷自尊啊。冷暴力的核心特點就是蔑視你的存在，無視你的自尊。

婚姻冷暴力，包括冷淡、輕視以及放任和疏遠。最為明顯的特徵就是對愛人表現得漠不關心，同時語言交流也降到了最低限度，甚至停止或者是敷衍性生活，懶於做一切家庭工作。

實際上，冷暴力會使伴侶精神上和心理上受到侵犯和傷害，是一種精神虐待。

莫妮和盧克結婚已有 8 年，半年前，盧克有了外遇。他向莫妮坦白此事，還說他無法在兩個女人間做出選擇。他不想離婚，又想繼續保持婚外情。莫妮斷然拒絕，丈夫便離她而去。

莫妮整個人崩潰了。她日夜哭泣，吃不下也睡不著。她出現了因焦慮而身心失調的症狀：出冷汗、胃痛、心跳過快。

她不是對帶給她痛苦的丈夫生氣，而是對抓不住丈夫的自己生氣。

要是莫妮能生丈夫的氣，還比較容易恢復。她可以認定，是因為對方很惡劣、暴戾，自己才會生氣，這麼想會使她不想讓對方回心轉意。

但實際上莫妮正處於震驚中，她否認現實，寧願等待，即使等待意味著受苦，她也覺得更容易些。

盧克要求莫妮定期與他見面，以維持兩人的感情，如果她不答應，兩人就從此一刀兩斷。所以她不敢疏遠盧克，怕他會忘了自己。

她難過時，盧克不想陪著她。他甚至在精神分析師的建議下提出要莫妮與他的情人見面，「好把話說開」。

他好像從未考慮到妻子所受的痛苦，而只顧表達他討厭她了無生氣的行為。他怪罪妻子，認為是她沒辦法與自己生活，藉以逃避自己對兩人分手的責任。

不肯為婚姻失敗負責，往往是導致冷暴力的根本原因。這樣的人是真的「渣」，既要傷害你，還要占據道德制高點，讓你欲哭無淚。

不幸的是，冷暴力在生活中比比皆是。它的傷害比武力暴力更深重。

1994 年，哈佛大學公共衛生學院的湯利斯教授帶著 7 名研究學者走訪了 12 個國家的 22 座城市，主要研究家庭暴力與婦女憂鬱症發病率的關係。他們一共調查了 1400 多個家庭。

結果發現，存在比例最高的問題之一就是冷暴力。而且，冷暴力的發生並不會因為各個家庭的宗教背景、文化背景，或者是教育背景和經濟收入的不同而改變。

冷暴力是怎麼形成的？

施虐者不言而喻的訊息是「我不愛你」，但始終不說，卻又以間接的方式透露出來。

想離婚，直接說就好，為什麼一定要用這種互相折磨的方法？

這與施虐者的性格有關。

他們大多屬於自戀型人格，總想控制一切，又不願承認自己很「渣」。這種人多半自我價值感偏低，所以需要透過打擊別人讓自己感覺「大權在握」：如果別人沒有價值，就表示我一定比較好。

麗娜到現在一想起跟前夫在一起的日子還覺得心有餘悸。

他們從結婚到離婚，經歷了 7 年多的拉扯，其間分居 6 年多，她一度崩潰得想要自殺。

本來，她是個很開朗的女孩，對未來也充滿信心。遇見前夫後，她的生活卻發生了180度大逆轉，性格也完全變了。

剛開始，麗娜被他身上霸道的氣質吸引。因為剛到這個城市，她有些忐忑不安，是他陪著她到處應徵。

後來，他還不辭辛勞地幫她找房子。週末，他又帶著她去爬山，兩人一起到處遊玩。可是好景不長，很快他就不斷地挑剔她。

剛開始，他一個勁地抱怨她的理想太不切實際。無論她怎麼證明這種想法的可行性，他都有一大堆反面例子來駁回。

然後，他開始分析她的性格，甚至對她的家人評頭論足。在他眼中，每個人都有這樣那樣的問題。可是，只要一談論他的不好，他就立刻原地「爆炸」。

當然，麗娜也沒有那麼容易被影響。於是，他開始專挑麗娜的軟肋下手。

經過一次又一次的試探，他知道麗娜很善良，也不喜歡衝突。後來，雙方一有不同意見，他要麼就大發雷霆，要麼就是十天半個月不接電話。

有時候，他還會跟她講自己被人欺騙、背叛的痛苦經歷，讓麗娜從心底同情他，不忍心傷害他。然而，他用得最久也最頻繁的方法就是失蹤或者拒絕溝通。

好不容易回個家，他不是在睡覺就是在喝酒。

在外面他談笑風生、意氣風發，在家卻像個局外人一樣。

但若是麗娜想要做點什麼，他就會立刻出來干涉。不商量，只是用他的方式把事情搞砸，然後又退回到「獵人」角色。

一般來說，冷暴力會經歷兩個階段：人格腐蝕和公開暴力。

第一個階段是「洗腦」，過程可能延續數年。

在這個階段，受虐者暗中受到施虐者的擾亂，漸漸失去自信。

第二個階段是施虐者向受虐者施加影響力的時期，其終極目的在於掌控他，讓他毫無自主判斷力。為牢牢地掌控受虐者，施虐者需要一種能夠製造溝通假象的方式 —— 單向溝通，目的不是維繫關係，反倒是為了保持距離，阻止雙方做有意義的交流。

看著昔日的愛人漸行漸遠，麗娜總是忍不住想：「我到底做錯了什麼，他要這樣對我？我真的像他說的那樣差勁嗎？是不是我做得更好，他就會親近我？」

施行冷暴力的人很難對別人感同身受，他的一切情緒都是為了控制。

結果呢？很明顯，越付出，越無力，如此周而復始陷入死循環，直至感情被「耗死」。

你的包容是助燃劑

冷暴力雖然可怕，卻有個致命弱點：它只能影響自尊水準不夠的人。

換句話說，自我認知足夠清晰的人不會輕易被人控制。

這點跟催眠有點像。

莫妮和麗娜都是好女人，甚至是極好的女人，溫柔且富有同情心。

這樣的人即便遭遇不公，也會選擇忍氣吞聲，想著用自己的包容去感化對方。

好的愛人會讓對方感覺到自己被無條件接納。錯的愛人才會讓對方覺得自己很糟糕。

從他一開始吹毛求疵時，麗娜就該警惕，她卻選擇了包容。到後來，他時不時失聯，麗娜就該正視問題的嚴重性，她卻選擇了妥協。

莫妮更可悲，到了這種時候竟然還想著自己為什麼沒能留住對方的心。她沒有意識到的是，自己即便做得再好，他也不會再回來。

我認識很多「賢妻」，她們事事都為對方考慮，卻長期被忽視。每每委屈得半夜痛哭，她們第二天還是逼著自己強打精神，做好一切。

反而是那些潑辣的女人活得肆意快活。她們有什麼說什麼，丈夫一有不對勁就立刻開啟戰鬥模式，從不委曲求全。

也許你沒有早發現，每個冷暴力男人背後都有一個委曲求全的女人，不然早就開始修理他了？

常聽說：你的善良必須有點鋒芒。

我深以為然，婚姻中也是如此。太溫柔、體貼、寬容、忍讓不是美德，是軟弱，是助紂為虐。

如何避免和改變呢？

記住一句話：他不是不懂道理，而是就不想講道理，卻假裝自己很講道理，讓你覺得自己毫無道理。

總之，不要試圖和這樣的人溝通。那我們該怎麼做？

1. 調整應對方式

受虐者應認清虐待的過程，並明白自己為婚姻或家庭的衝突負全部責任是不合理的，然後再來冷靜客觀地分析問題，把罪惡感擺在一邊。

2. 行動

由於受到掌控，受虐者一直過度委曲求全，現在必須改變策略，堅決行動，不畏衝突。

3. 心理對抗

為了從心理上對抗虐待行為，支持是不可或缺的。有時只要有一個人表達信任，無論在什麼情況下，都能使受虐者重獲信心。真正有價值的支持來自懂得陪伴、提供幫助、不做評判的人，這種人不論遭遇什麼事都會誠實地面對自己。

婚姻啟示錄

文／茗荷

「說真的，我不拒絕戀愛，但我對婚姻沒有任何期待。」

30 歲的琪琪是那種人見人愛的知性美人，身邊也不缺追求者，交往過幾個很不錯的男朋友，但每當對方表示出想要結婚的念頭時，她就找各種理由把對方趕走了。

現在這個男朋友之所以還沒被趕跑，是因為他抱有同樣的想法：戀愛隨意，結婚免談。

琪琪的心態在現代年輕人中很有代表性，不少人雖然迫於父母的壓力結婚了，但也只是在社會主流中選擇了妥協而已，與自己內在的動機並沒有太多關係。

原因很顯而易見：一是，亞洲式的婚姻從來都不是兩個人的事；二是，覺得那麼漫長的時光裡只愛一個人是不可能的。

但我們真的是在懷疑婚姻嗎？還是在質疑自己不敢面對問題，抑或是在質疑愛本身？

帶著這樣的疑問，我們採訪了很多已婚女性，她們年齡層次不同，婚姻狀態也不同，有的過得幸福，有的越來越想從婚姻內逃出去。我們詢問了她們對於婚姻的感受。或許，她們的故事能啟發你我。

01

素素，28 歲，行政人員

婚姻感受：簡單，知足

素素與老公在大學時就是情侶，也是彼此的初戀。兩個人結伴來到城市工作，但因為各種因素而無法買房子。素素並不像很多女性一樣那麼在意房子，在她看來，彼此的感情才是最珍貴、最關鍵的。

他們租房子結了婚，很快素素便懷孕了。孩子生下來後他們索性在更遠的地方租了一間大房子。

當大寶不到 3 歲的時候，素素又意外懷了二胎，本來娘家人心疼女兒，不建議這麼早要這個孩子，但素素認為，孩子也是一場緣分，既然來了，就克服困難生下來吧。

或許有人會覺得，她敢生二胎，是因為有個特別體貼的老公，然而事實並非如此。

同很多老公一樣，雖然素素的老公愛她、呵護她，但不能理解為什麼妻子有了孩子後就像變了一個人一樣，不再那麼關注他了，他感受到了巨大的失落。

他們曾在很多個夜晚吵得不可開交，但是也能很快和好，因為他們都懂：他們之間的感情深厚，不能輕易放棄。

「有時候，我覺得我們對白首不相離的信仰，讓我們可以立場一致地去處理問題，這大概是一個祕訣。」

02

甜甜，35 歲，教師，兼職外貿採購
婚姻感受：被背叛卻又不甘心放開

「我想，在沒結婚的時候，很多人都會把婚姻和美好、溫暖等詞彙連起來，但事實上我的感受並非如此。」

甜甜的老公是外人眼中不錯的結婚對象，獨子，名校畢業，也很帥氣，在 IT 公司做研發。兩個人戀愛的時候感覺非常不錯，於是夫妻倆共同築起了愛巢，也算是幸福甜美的一對。

但是隨著孩子的出生，甜甜發現婚姻給她的感覺變了。孩子年幼的時候，家裡又是老人的大嗓門又是孩子時不時的哭聲，身為媽媽又何嘗不感到累和吵鬧呢？只因是媽媽，這一切她都是自動自願地在承擔，努力地學習成長。

但是老公加班回來越來越晚，貌似不願意待在亂哄哄的環境中，所以在家庭事務當中參與得越來越少了。出於心疼老公上班辛苦，甜甜不太拿家裡的事情去煩他，但後來她發現不對勁了。

婆婆一直在單方面訴苦，她又從不辯駁。時間長了，老公認同了婆婆的很多觀念，對她越來越冷淡。到後來，連夫妻間最基本的溝通也沒有了，雙方關係跌至冰點。

她說：「出軌幾乎是必然。」丈夫很快戀上「看起來善解人意」的同學。事情敗露時，甜甜陷入了一個巨大的情緒深淵，她想過放棄，但又有些不甘心。

「我也有責任，我太慣他了。」

目前，她還是一個人帶著這種矛盾的心理活在婚姻中。

03

馥梅，42 歲，外企高管

婚姻感受：喜憂參半，榮辱與共

馥梅是外企高管，管理著一個 20 多人的團隊，日常工作非常忙碌。業餘時間，她還保持著健身和畫畫的愛好，所以人看起來知性而美麗，是那種既有女性魅力又不缺乏力量的人。

她老公是一名大學老師，相對更為清閒一點，所以照顧孩子和家庭投入得更多。

談到婚姻，她很知足，在老公的影響之下，孩子很喜歡看書，成績也很好。家庭的結構也比較好，符合雙方的需求。自己更喜歡工作上的成就感，所以她對工作傾注的心血更多。

談到自己對婚姻的認知，她說：「不用去美化婚姻，這不是王子和公主的童話故事，但是也不是處處防備的戰場，本著一顆平常心，過著一份恬靜而平淡的日子就好，我很滿足。」

其實，馥梅和丈夫的恬淡生活並不是一開始就有的。

和很多夫妻一樣，他們之間經歷了婆媳矛盾、出軌又回歸、親人忽然去世、投資失敗等很多事情，只是，他們雙方沒有簡單地放棄，而是非常誠懇地一起探討了人性的弱點和婚姻制度的優劣，在一次次坦誠溝通中找到了出路。

04

栗子，55 歲，自由業

婚姻感受：彼此尊重和允許

如果不是栗子的頭髮有所暴露，我根本看不出來她的年紀。她身材嬌小，常年自然狀態下的規律生活使得她的肌膚看起來健康而有光澤。

讓人印象深刻的點在於，她身上有少女般的熱情和活力。她仔仔細細地幫我切水果，專注地為我沏茶，講到興奮之處的時候，甚至會跳起來。

40 歲之後，她就搬到了郊區的這個院子裡。一天之中的大多數時間，她都在擺弄院子裡的花草，比她小 6 歲的丈夫下班回來後也會來幫忙。然後他們用院子裡的有機食材做幾樣簡單可口的飯菜。

栗子在忙活的時候，除了幫忙，丈夫有很多時候都在專注地看著自己的妻子，就像是欣賞作品一般，那種和諧，讓人感覺十分美好。

「我和丈夫都是內在比較穩定而豐富的人，覺得最好的關係就是彼此允許和尊重，我們看不見對方或者聯繫不到對方的時候，從不慌張，也不擔心彼此有其他關係，就是一直心很定的那種感覺。」

在這樣的感覺當中，他們攜手走過了 20 多年，也一起應對了很多風雨，共同孕育了一雙兒女。

這並不是栗子的第一段婚姻，她曾經遭遇過前夫的出軌，但她並沒有因此懷疑愛情，她一直過得很有活力，後來就遇到了可以真正讓她感覺到自由的伴侶。

「你知道，兩個自由靈魂的愛是會讓人一次次不斷重新愛上對方的，那與控制和恐懼下的愛是不同的。」

與很多正處於婚姻狀態的女人聊過之後，我忽然發現一個真相：把婚姻經營得好的人，其實是很深入探索自己內在的人。越是看到內在完滿的人，越容易在婚姻中幸福。

因為，她們即便單身，也有幸福的能力。

如果說有什麼啟示，可以參考的是：

1. 越是不把婚姻和其他東西捆綁的關係越容易單純幸福

在他人眼中般配但其實內在並不匹配的夫妻，沒有遇到事情還好，一旦陷入雞毛蒜皮的事情或者是其他危險，他們很容易熬不過那些脆弱的時光。但好好愛過，並且真心希望對方過得好的夫妻，更容易經受住生活的洗禮。

2. 幸福的婚姻需要彼此有勇氣直面人性深處的障礙

幾乎所有情侶都會面臨這樣一個問題，那便是你面前的對象很容易就會由剛開始的發光體漸漸變成你眼中平庸的人。

隨著生活中瑣碎事情的磋磨，這種轉變還會更明顯。不少人在這個時候，沒有深入下去面對自己內心深處的障礙，而是沉迷在工作中，或者進入其他關係去逃避。

這是非常可惜的，親密關係遇到障礙，恰恰是我們了解自己和人性的一次絕佳的機會和視窗，如果在此時能藉機深入下去，會加深對生命的理解，也會拉進彼此的關係。

3. 好的婚姻需要彼此有不斷重新愛上對方的能力

一輩子愛一個人可能嗎？很多人認為不可能，但同時也有很多人做到了。

我們觀察了很多相愛到老的人，發現他們都有一個可貴的優點：一方面他們的生命在不斷推陳出新，自身擁有對生活的熱情；另外一方面他們能不斷看到對方身上的優點並予以感恩。

正如某位老師所說的那樣：「永恆的愛情，就是你和他一起，共同度過一次又一次陰晴圓缺。」

離婚，都是被逼出來的

文／時敬國

生了二胎我沒憂鬱，老公卻憂鬱了

如果婚姻裡的兩人中，有人得了憂鬱症，多數人會覺得，憂鬱的一定是妻子，因為妻子憂鬱的理由太多了：

婚前婚後落差大可能憂鬱；

孕期可能憂鬱；

產後可能憂鬱；

老公出軌可能憂鬱；

工作和家庭都要操勞，沒有自己的空間可能憂鬱……

而男人呢，結婚後似乎只管好工作就好了。家務嘛，心情好就幹些，心情不好就裝忙；孩子嘛，高興了就陪孩子玩玩，不高興就不管。

總之，看起來婚姻裡總是女人付出更多，被拴牢且沒有選擇，而男人只是把婚姻當成大後方，自己在外面的生活豐富多彩，怎麼可能憂鬱？

但事實好像並非總是如此，最近就有一位女性朋友說，她的丈夫憂鬱了：

她嫁了個當公務員的老公，老公算是個中階幹部。她幾年前生了個男孩，幾個月前又生了個女孩。

在外人看來，這個家庭很圓滿。她雖然累了些，但情緒還算穩定。

然而最近，她老公檢查出了重度憂鬱症，隨後提出了離婚。

迷茫狀態的她問老公：你是有別人了？

老公說：沒有，我只是在這個家過不下去了。

原來，她老公在工作上壓力挺大的，本來喜歡去打打球，調節一下狀態。有了老大之後，她不再讓老公去打球，總想讓老公陪著自己。

早在結婚之初，丈夫就已經不再有機會出去和朋友吃飯，應酬。她對丈夫管得很嚴，不能抽菸，不能喝酒。以前老公喜歡打打網路遊戲，結婚後也不得不戒掉了。

老公說，幾年下來，日子過得生無可戀。在她一次次的抱怨和指責聲中，他越來越沉默壓抑，他看不到她有改變的可能，所以他要離婚。

男人的憂鬱，往往是因為隱忍太久

女人剛生了第二個孩子，一定非常辛苦，如果沒有老人幫忙，可能自己還要同時帶著老大。如果不管老公，老公可能就總會到外面應酬、打遊戲、躲起來抽菸……

我們相信，她在家裡要承擔很多，還要跟「不懂事」的丈夫生氣。所以，如果說是她得了憂鬱症，大家會覺得合情合理。

但偏偏，得憂鬱症的是她的老公。

所以，我們肯定漏掉了什麼。

上面這位妻子，她對丈夫的很多要求其實是正當的。

比如，別當著家人的面抽菸，別只顧打遊戲而不幫忙照顧孩子、不做家務等。但是在提這些要求時有沒有夾帶「私貨」，我們就不可知了。

從一些事件的描述來看，她對丈夫的態度和手段是帶著一定的攻擊性的。

丈夫說到了她的「抱怨和指責」。她強行關掉丈夫正在進行中的遊戲頁面，或者把他剛買的香菸扔到垃圾桶的時候，或許還會有一些行為或語言上的攻擊。

簡言之，妻子很有可能透過這些具體的事情，狠狠攻擊了自己的丈夫，雖釋放了自己的負面情緒，日久天長，卻讓丈夫在飽受攻擊下，對婚姻再無留戀。

可能有人會說，男人可以表達，可以反抗呀。但實際上，男人往往是不喜歡衝突，迴避衝突的。

和女性喜歡談論關係、解決問題相比，男性更習慣於隱忍。

男人不善爭辯，也不喜爭辯，而且如果和妻子發生衝突，一般會處於輿論的下風。吵架能占上風的男人是少數，家暴妻子的男人也是少數。

所以，大多數男人採取的處理壓力的方式，更偏向於單方面地躲避，不和妻子以直接面對面的方式處理婚姻問題，在躲避時也順帶著釋放自己事業上的壓力。

當一個人處理壓力的途徑被切斷，就會出大問題。

每個人都會承受生活的各種壓力，也會採取不一樣的方式來應對。

有些方式很溫和，不傷害別人，也不傷害自己，我們就會覺得比較健康，比如適當地運動、旅行；有些方式看起來不怎麼健康，比如喝酒、抽菸、打牌；也有一些方式純屬是在壓抑，傷害自己，比如憋著、硬撐；還有一些方式會傷害別人，比如藉著各種事情攻擊他人。

很多妻子都會向老公訴苦或抱怨，即使對方不做什麼，這種抱怨指責也會減輕自己的一些痛苦。但問題是，對方的痛苦可能因此增加。

男人多數透過一些嗜好來緩解壓力。

有些嗜好對別人沒有太大害處，但對自己的身體會有一些害處，比如抽菸、喝酒、玩網路遊戲。

還有一些嗜好看似有益實則也是一種癮，比如過度運動——有些男性會透過自虐般的運動，比如超過身體承受能力的夜跑，來以痛止痛。

所以很多時候，我們會看到半夜時分，街道上還有人在賣力地奔跑。甚至有時候，那些不顧身體深夜加班的人，也是在用工作來處理人生其他方面的痛苦。

這些方式，有些結果看起來是好的，比如賺到了錢，身體變好了；有些則是壞的，比如傷害了彼此的感情，弄壞了自己的身體。

在上面的故事裡，丈夫本身沒有很好的處理壓力和痛苦的方式，他本來習慣透過和同事喝酒，或者打遊戲這些方式來緩解壓力。但這恰恰成為妻子攻擊他的武器，成為「他是一個不合格丈夫」的「罪證」。

另外，這些方式也被妻子強勢地阻斷。

於是在負面情緒方面，他成了一個「只進不出」的容器。工作上、家庭上的壓力，再加上妻子額外施加的情緒暴力，終於把他壓垮。

不要輕易剝奪別人賴以活著的「惡習」

身為妻子，當然有責任讓丈夫養成更好的生活習慣。

如果他接觸一些非法活動，那應該毫不猶豫地監督他放棄這些「愛好」；如果他抽菸喝酒，也可以試著說服他尋找更好的替代方式。

但如果他只是偶爾打打遊戲放鬆一下，或者喜歡一個人靜一靜，那麼，不要經常打斷他的自我修復。

在心理學中，很多時候各種所謂的「症狀」，比如酒癮、菸癮、網癮以及各種依賴……都會被視作有積極意義的行為。

是這些看似糟糕的事情，讓我們可以避免遭遇更痛苦的事情，比如輕生的念頭。

從這個角度看，要讓一個男人擺脫不好的習慣是有前提的，那就是你要確保自己能給他更好的緩解痛苦的替代方式。

如果沒有，那麼當你把他這些看似醜陋的「人生枴杖」奪走的時候，他可能會變得更糟糕，比如——憂鬱。

憂鬱，用通俗的詞來表述，就是一種「生無可戀」的感覺。而這個感覺，不會被外人所理解，比如：

你一個男人，不用生孩子，不用坐月子，憑什麼憂鬱？

男人隱忍的痛苦，被女人低估了

之所以寫這篇文章，並不是要把某個案例分析得明明白白，看看到底是女人在婚姻中承受得更多，還是男人承受得更多，而是希望大家看到：

在婚姻的談論中，男人的懶與惡，被放大了，而他們隱忍的痛苦，被低估了。

為什麼呢？

1. 男人很少參與這種談論，這是男人天生的一種習慣

「自己的脆弱和痛苦有什麼好說的，看我做事的結果就好了。」

他們更願意透過自己的方式對家庭做一些承擔，如果你對這個觀點不認可，看看一些女性在離婚時的狀況，大概會理解到。

很多女人，能說出男人的一堆惡劣行徑，但仍然不肯離開對方。這很可能是因為，對方有一些難以言說的承擔。

2. 男人和女人處理壓力和痛苦的方式，真的不一樣

男人處理壓力的方式女人搞不懂，就像搞不懂為什麼煙味難聞，但有些男人就是要抽菸，酒很辣但有些男人就是要喝酒。

他們知道酒不好喝，還不停地喝，為什麼呢？因為喝多

了，可以暫時避開一些痛苦。

兩痛相權取其輕，如此而已。

婚姻裡的男女，各有各的不易。如果能彼此減輕一些雙方的痛苦，自然是理想的狀態。如果不能幫助對方承擔，至少我們應該不去讓對方雪上加霜。

如果真的對彼此有要求，要在理解對方處境的前提下，提出適當的建議。如果對方可以做到，一定會去努力。

一定要避免的，就是藉著自己的痛苦，為對方製造新的痛苦。如果對方還擊，那就進入了冤冤相報的惡性循環；如果對方一直隱忍，那最終在未來的某一刻，你會發現：有個人，心已經死了。

那些婚姻的侵略者，後來都怎麼樣了？

文／素衣回中原

很多讀者在後臺留言：我特別想知道，那個娶了第三者的男人，有沒有後悔，過得幸不幸福。如果他不幸福，我就開心了。

婚姻不易，分開之後，還能做朋友的，我當真沒見過幾對。因出軌而離婚，後來娶了第三者的婚姻，就更不可能得到祝福。

多的是，「我不好過，你也別想好過」的魚死網破。就算自己的能力無法企及，也會占據道德制高點：「你現在有多渣，後面就會有多慘。上天都不會放過你。」

渣，真的會遭報應嗎？

真相卻是，未必。

據我所知，有不少第三者，過得其實還算不錯。

有些第三者，雖然沒能走進婚姻，卻和對方保持了長達幾十年的情分。遇到什麼棘手的事情，對方出錢出力。除了一紙婚約，什麼都不缺。

我不鼓勵誰去做第三者，但有個扎心的真相，我們也需要明白：道德審判，因果報應，放到婚姻裡，有時候不過是自欺欺人。真正能維持婚姻幸福的，也許另有原因。

那個下場最慘的第三者

10 年前，因為工作關係，我認識了一個女孩子，長得好看，人也單純，妥妥的「傻白甜」。

她在一家小型貿易公司做祕書。

老闆很年輕，公司雖然不大，但業務蒸蒸日上，用他的話說，那兩年真的是，拿錢點菸都不心疼。

老闆娘自己有工作，平時不來公司，做業務是一把好手。公司業務往來，幾乎大半都是老闆娘找來的人脈。男人能力也不差，悟性極高，很快就把資源運用得當了。

在同齡人大多還在租房的時候，他們已經買了 3 套房產，開上了好車，成為朋友圈裡人人豔羨的菁英模範。看起來，一切都很美滿。

只是，男人的虛榮心常常被低估。老婆懷孕之後，他就和公司的小祕書對上了眼。

按理說，那邊獨立精彩，這邊小鳥依人。孰輕孰重，應該一目了然。但他還太年輕，經不起成功的誘惑。

而她，原本只是個小職員，年輕貌美，追求愛情至上，選擇做了第三者。

不是所有的第三者，都像傳說中那樣心機滿滿。她一直算不上有心機，她說，我對他是真愛，哪怕他身無分文。

世間最傻的，恐怕就是這種第三者。她們寧肯背負罵名、搭上後半生的幸福，也不願意割捨那個男人。

這對男人來說最好不過，老婆、孩子、情人，房子、車子、公司，全都有了，多好。

老婆在懷著 5 個多月身孕的時候，知道了這樁醜事，要求他辭退第三者，做個了斷。

他左右搖擺，磨掉了老婆的耐性。兩人很快就談妥了條件：車子和公司歸他，3 套房產歸老婆。孩子出生後，每個月再給 1 萬塊的撫養費。

讓他沒有想到的是，自從和前妻離了婚，公司業務就開始直線下滑，前妻也打掉了肚子裡的孩子，將他從生活裡徹底抹掉。

短短 3 年時間，他的業務就做不下去了，之前的通路商，都漸漸不再合作。他只好關掉公司，帶著第三者回到老家發展。在老家，他的事業依然沒有起色。男人時不時叫上一幫好兄弟，去釣魚散心。

不知道什麼原因，他們也一直懷不上孩子。

而前妻坐擁大城市的 3 套房產，身價飆升。她熬過了背叛的苦，找到了理想的伴侶，早已結婚生子。

聽起來這是一個「因果報應」的絕佳案例。

其實不然。

只是因為，原先的一手好牌，男人以為都是自己賺來的。離婚後，前妻不再幫他，還把之前的人脈都收了回去。

他缺了得力的人脈資源，加上根基不穩，自然越過越難。

想起以前的風光，他只怕是腸子都悔青了。

那個第三者，是我見過的比較專一的一個。但是幾年後，她也說：「我要是再找，也找不到合適的人了吧。當初怎麼就看上他了呢？」

當然是看上他風流多金、一身才幹。金錢和實力，才是男人永恆的吸引力。

總不至於，是看上他身無分文、只會釣魚吧？因為命運的不堪，而不得不綁在一起的兩個人，能有多幸福呢？

那個幸福的第三者

幸福的第三者，當然也有。

後臺就有一位讀者，她的老公，就是在背叛了前妻之後，和她走到一起的。

現在，他們的孩子已經 10 多歲，老公對她一直不錯。

婚外情暴露之後，躲起來回歸家庭，或者假意分開、背地裡繼續出軌，是絕大多數男人的選擇。但是，這個男人沒有這樣做。

他做了三件事：

首先，面對外界的非議，解釋這一切都是他的錯，第三者對他的婚姻根本不知情；他和妻子的感情早就消磨殆盡，離婚是早晚的事，就算沒有她，也是一樣。

其次，他們原本是上下級的工作夥伴。為了避嫌，他主動離職去了另一家公司。

最後，離婚，娶她。

你以為這靠的是婚前那點激情？當然不是。

激情再濃，撐不過 3 年，就會淡下去。

他們之所以能相愛十幾年，是因為她從來不把婚姻當成自己的全部。

她從來不去質問一個男人，為什麼總是加班卻不陪她？為什麼對孩子不管不顧？是不是不愛她了？

酒局正酣，女人們的查崗電話接二連三地打過來，她從不催他。

他厚待前妻，她亦從不多言。

男人說，她就是有魔法，讓他在她這裡，覺得相處得不累，很舒服；無論飛得多高，他都不會得意忘形。

而相處得讓人舒服，其實是一個人的頂級魅力。

她說，「我從來沒有想過，要從婚姻中撈到什麼好處。

「錢，我可以自己賺。婚姻對我來說，最大的意義，是我喜歡婚姻裡的自己。

十幾年了，它沒有摧毀我的自信。如果有一天我發現自己變得面目可憎，我也會離開。」

如果說，兩人一開始或多或少有激情的成分在，但十幾年的相伴，他們依然感情甚篤，這讓那些原本不看好他們的人，也漸漸放下了偏見。

一個中年男人出軌的故事，在他們這裡，變成了幸福結局。

婚姻不是誰的避難所

有位作家曾經寫過，愛情是庸人的避難所。

一個人很容易把對自己的鄙視，誤解為對愛情的需求。

愛情的偉大之處在於它可以遮蔽一個人存在的虛空，愛情的渺小之處在於它只能遮蔽這個虛空而已。對於解決自我的渺小感，愛情只是偽幣。

對於婚姻來說，也是一樣。婚姻不是避難所，想進去避難的人，遲早會被趕出來的。

有的人，談戀愛、結婚，不是為了找到情投意合的伴侶，而只是為了替自己找一個可以坐享其成的歸宿。這樣的婚姻，無論經歷多少次，都不會幸福。

有多少嫁進豪門、坐享安逸的人，主動折斷了翅膀，失去主動權，最終不得不以悲劇收場。

有時候，男人也會助推一把，毀掉她的經濟來源，切斷她的社交，用孩子困住她，用一堆家務累垮她。有朝一日她就算清醒了，也已經失去了獨立的能力。

你有沒有發現，越是不把愛情當救命稻草，越容易得到愛情。越是把婚姻抓得太緊，越容易遠離幸福。

婚姻幸福與否，與第三者無關。

無論什麼時候，想要獲得幸福的婚姻，請記得這幾點：

1. 乾乾淨淨結束，再清清白白開始

這是對感情、對婚姻最起碼的尊重。做到這一點，才不至於把對方置於風口浪尖。

那些為了所謂的真愛，不惜留下汙名的人，此後的人生，將加倍艱難。在娛樂圈，一旦出軌，前途盡毀。多少明星至今仍未翻身。身為普通人，非議帶來的傷害，並不比明星少。

不是不允許你離開，但是，請乾乾淨淨結束。不是不允許你變心，但是，請清清白白開始。

2. 別把婚姻當跳板

你越弱，越得不到尊重。這句話同樣適用於婚姻。

誰也不傻，男人也希望自己的另一半有本事啊。所以，別指望有人拯救你於水火，能拯救你的，從來只有你自己。

3. 別把婚姻看得大過天

找到真愛不難，難的是，保持真愛的穩定性。如果你把全部指望都寄託給別人，那你注定要失望。婚姻只是人生的一部分，萬一不幸福，那也沒關係。人生啊，樂趣還多著呢。

4. 婚姻無法填補自我價值

就算有幸找到了一個人，幾十年如一日地寵你，你也不一定會感到幸福。因為人真正的幸福，在於實現自我價值。比起婚姻失敗，其實，我更怕，自己這一生一事無成。

女人必須知道的三大婚姻真相

文／江垚

《離婚萬歲》是一部日本婚姻家庭劇，講述的是兩對普通的年輕夫妻，由離婚而引發的一系列故事，透過日常瑣碎的生活細節，探討了婚姻的本質。

男主光生和女主結夏相識於一次日本大地震的街頭，因為莫名聊了很多，互生好感，於是就步入了婚姻。然而兩年的婚姻生活卻讓兩人都異常困擾，因為他們「沒有一件事是合拍的」。

男方是個神經敏感又關注細節的小資質感男，而女方則生性豁達開朗、不拘小節；

男方喜歡家裡整齊劃一，女方卻總是丟三落四，把家裡弄得一團亂；

約好去看電影，永遠是男方早到，要等遲到 10 分鐘的女方；

男方想留著自己享用的甜點，卻被女方用來招待她的朋友……

最終，一盒沒什麼大不了的甜點，成了兩人離婚的導火線。

對於男方來說，結婚就是一場沒有盡頭的拷問；而對於女方，她已經完全迷失在要如何配合龜毛挑剔的老公的困惑中。

這部電視劇播出後廣受好評，裡面討論的婚姻觀和家庭觀，既現實，又無不透露出一種豁達的智慧。

身為女性，儘早識破婚姻的這三大真相，或許能過得更從容一些：

女人喜歡上了就會諒解，
而男人喜歡上了就會變得斤斤計較

和電視劇裡的情節幾乎一樣，我身邊一對結婚不到三年的夫妻最近也離了，離婚導火線是老婆在沒和老公確認假期安排的情況下，和朋友們約好了出去度假。

老婆的個性和《離婚萬歲》中的女主角結夏很像，大大咧咧，沒太多心機，而老公就相對細膩敏感很多。

因為老公不喜歡出門，喜歡宅在家，所以老婆就沒多考慮他，往常也是如此，然而這次兩人卻鬧得不歡而散。

原來這次男方希望女方能陪著他回一趟老家，但他自己又沒說，他以為老婆應該能主動提出來。

就是這麼一件事情，讓這位老公徹底爆發了，細述了女方這幾年在婚姻中的種種不符合他希望的例子。

這位老婆後來和我們聊起來時說：

「我真的沒想到，他一件件一樁樁都記得那麼清楚，什麼我喜歡的衣服顏色太暗，什麼我吃飯的時候會無意中發出咀嚼聲，連我第一次見他媽沒主動叫人他都記得，我真是服了！」

都說男人的心胸應該像大海一樣寬廣，這種話放在現今社會，最好還是當個笑話聽聽就好了。

事實證明：男性心思細膩敏感起來，女人都比不上。

女人們也敏感、細膩，但多數是情緒、情感上的敏感，女人們善於觀察和探究，但是她們觀察探究最後得出的結論多半是：他不愛我了。

這個結論背後的含義其實是：但我還愛他。

但男人和女人不同，他們不光是對情緒有敏銳的感知度，配合男性本身相對理性的特質，他們更喜歡在一些細節上觀察和論證，最後就會得出他們潛意識裡希望的那個答案。

比如：她其實不是我的理想型。

這個結論背後沒有什麼含義，只有一個下一步的行為指向：分手／離婚。

所以婚姻的第一大真相就是：女人在婚姻裡往往是用心去體驗，逐漸「陷入」的那一方；而男人則是用腦去論證，慢慢「抽離」的那一方。

這麼說並沒有好壞對錯的價值觀批判，只是基於男女在婚姻中的不同節奏而言。

早一些意識到這一點，或許在一開始進入婚姻時，我們就能掌握好雙方的節奏，不至於一方陷得太快，而另一方為此感到壓力，反而奮力掙脫，情緒日積月累，導致一拍兩散的結果。

對你來說視如生命的東西，在對方眼裡可能像馬桶座一樣隨意可扔

男主角光生念念不忘的前女友，說起當初為何分手，終於忍不住吐露了多年以來心中對光生所存的芥蒂，因為她心中所珍視的夢想，卻被光生視若無睹甚至還取笑一番。她無法忍受，主動結束了關係。

不是作為男友或丈夫，他就有能力或有義務完全理解你和接納你，包括你的觀點、夢想甚至價值觀。

世上沒有真正的感同身受。

確實如此，不管曾經還是現在，無論對方表達得多麼理解自己，多麼地感同身受，但事實就是：世界上除了自己，沒有真正的感同身受。

夫妻之間、戀人之間也是一樣。

朋友小奧有一個交往快 1 年的男朋友，因為雙方年齡都不小了，便開始計劃結婚，但就在結婚前 2 個月，小奧開始表現得焦慮不安。她來問我的意見，我才知道緣由。

原來男友在剛開始追她的時候表現得非常體貼，兩人算是一見鍾情，而且還能互相說很多心裡話，當時小奧感覺真的像是遇到了「靈魂伴侶」。

漸漸地，小奧發現男友開始以工作忙為由，不再主動和她進行心理上的溝通，甚至原本雙方能談的各自原生家庭的問題，男友也越來越反感，有幾次還對小奧發火，認為小奧在探聽他的隱私。

小奧感到十分困惑，為什麼原來可以知無不言，現在卻什麼都避而不談。

更讓她難過的是，有些大男人主義的男友始終覺得，自己的工作是真正賺錢的工作（金融），而小奧的工作（藝術）不過就是消遣時間。當小奧和他談起未來自己想舉辦一個自己的藝術展時，男友只是撇撇嘴，露出一絲不屑。

小奧在苦惱著要不要繼續下去，要不要進入婚姻。

我沒直接給她答案。婚戀關係中的人，基本上可以用「清醒的瞎子」來形容，他們明明什麼都知道，也什麼都明白，但當旁人告訴他們該怎麼做時，他們通常是抗拒的。

所以我只跟小奧說了一句，「對你來說視如生命的東西，在對方眼裡可能像馬桶座一樣隨意可扔」。所有的後果需要她自己考量，所有的決定需要她自己做。

期待婚姻中的另外一方對自己完全感同身受，這一點本身就說明了你自己也沒能做到「感同身受」，因為這一要求本身就沒有道理。

然而，婚姻需要同頻，如果連基本的尊重和理解都沒有的話，那麼再繼續徘徊下去也沒什麼意義了。

男人如此幼稚，所以女人在婚姻裡，要麼選擇做母老虎，要麼就變成受氣包

男人的幼稚幾乎是一把「雙刃劍」。在戀愛時、在婚姻甜蜜時，男人的孩子氣可以說是非常可愛的，對於女人來說甘之如飴。

有句話說：男人真的愛你，才會在你面前表現得像個小男孩。

這句話有一定的道理，我也確實見識過像男孩一樣的男人所表現出來的魅力。

女人們會把這些看起來幼稚的想法和舉動，當作男人只會在自己面前表現出來的那一面。因為特別，所以唯一，因為唯一，所以感到珍貴，並由此認為是遇到了真愛。

但在婚姻中，男人們的幼稚，有時是非常讓人崩潰的。

此時他們的幼稚不是小男孩那種可愛的表現，而是缺乏思考和判斷、我行我素的行為。

比如上面的兩個例子：第一位丈夫幼稚地認為妻子應該滿足他所有的期待；小奧的男友幼稚地認為追到手了就可以不再有精神的溝通，自己的夢想是夢想，女友的夢想就只是消遣。

他們會按照自己的設想來理解兩個人之間的關係，理解對方的心理，卻從來沒有想過有些事是可以透過溝通和表達解決的。

在女人心裡，男人的「幼稚」不是指具體做錯了一件事，不是指煮壞了一頓飯，打翻了一瓶醬油，訂錯了旅行機票，而是一種面對問題的處理方式，一種面對婚姻和感情的態度。

然而，事實上，多數男人不願承認，他們的一意孤行和迴避溝通，解決不了任何問題。

在婚姻中，如果有可能，我們可以慢慢引導他「長大」。就像《離婚萬歲》中一樣，光生透過一次離婚終於開始「長大」，開始懂得幸福的真諦。

以上三個婚姻真相，看起來很現實冷酷，但只有正視，才有可能讓婚姻這輛馬車在一路的顛簸中繼續前行。

親密關係中的生態關係三問

文／江垚

馬雲曾在 2019 年的一場演講公開表示，卸任並不意味著退休，自己依然會繼續創業。他認為現在很多男人比較自負，而未來的世界，婚姻的決定權在女人，並不在男人。

他甚至用略帶玩笑的口吻說：希望我下輩子做個好女人。

不得不說，馬雲真的是一個非常善於利用閱聽人關注點來炒作的行銷大師，但他對於男性與女性社會地位轉換的預判，還真不只是為博人眼球。

這一場景未來或許真有一天會出現，法國電影《這個男人很難搞》（*I Am Not an Easy Man*）說的就是這樣的事。

如果有一天，男人要「檢點」、女人可「出軌」，會怎樣？

世界上有兩個國家的電影，在劇本創作上可以說是非常突出、觀點特別，讓人看完後回味良久。這兩個國家，一個是日本，一個是法國。

這部《這個男人很難搞》就是一部法國電影，講述的是一個男女互換社會角色的故事。

男主角達米安是個典型的浪子，藉著外型優勢，他在生活中喜歡和女性調情。他甚至設計了一個軟體，專門用來記錄男性一年的親密行為頻率，時不時還會在辦公室裡對著女同事說黃色笑話，在街上對著好看的女孩吹口哨，在咖啡館調戲女服務生……

而他的好朋友和他也是物以類聚，明明已經成家立室，自己在外還是「彩旗飄飄」，而且當自己出軌被妻子懷疑時，他大言不慚地說：「否認就對了，她也沒證據。」

一副「你能拿我怎麼樣，有本事離婚啊」的態度。

原本這些場景在現實社會中都成了習以為常的社會現象，然而藝術總是源於生活又高於生活。轉折就出現在男主角和好友在街上看美女時不小心撞到電線桿暈倒後開始。

再次醒來，男主角發現，自己進入了另一個世界，這裡是女權社會，頗有一絲《西遊記》裡「女兒國」的感覺。

在這個極端女權的社會中，女人負責賺錢養家，男人負責貌美如花；女人可以在公開場合搭訕男人，男人必須穿著保守，時刻「自我檢點」；女人在職場占據大部分要職，占據絕對的社會經濟地位，而男人則有可能面臨被職場潛規則，甚至一言不合就開除的命運……

男主角一開始是拒絕接受的，但很快他也被同化了，開始穿能取悅女性的服飾，開始接受自己是女性附屬的事實。

這部劇有趣就有趣在，它幾乎就是把目前的男女地位做了完全的倒置（除了生孩子還是女人的事之外）。電影中有個場景，男主角的朋友發現妻子出軌了，好笑的是，朋友妻子用同樣「你能拿我怎麼辦」的態度來應對，甚至直言「因為懷孕了，渾身都是荷爾蒙，所以失控了」。

好友甚至為了挽回妻子的心，去練瑜珈來瘦臉瘦身。

這番對白是不是像極了現今社會，男性對女性解釋自己為什麼會出軌時所給出的理由。

因為你懷孕了，我有正常的生理需求，所以我出軌了。

因為你身材變胖了，臉蛋不美了，所以我出軌了。

因為在一起時間長了，沒激情了，所以我出軌了。

……

當情況反轉過來看的時候，是不是發現這樣的關係模式非常不合理？

原來性別的不同從來都不僅僅是生理差異，在社會環境的長期概念化模式化下，已經變成了：女性＝自愛檢點不劈腿，男性＝出軌可以被原諒。

為什麼性別要和社會行為及道德判斷畫上絕對的等號呢？這是第一個需要思考的問題！

如果有一天，親密的主導權變成女性會怎樣

最近有一部電影被很多影評人推薦，電影展現了女人可以主導自己慾望的意識。這說明越來越多女性開始意識到，在一段關係中，女性和男性在性上面的需求是平等的，而享受性的愉悅感也是平等的。

《這個男人很難搞》這部電影中，有一段描寫的是男主角在女權社會，在跟女人發生親密關係時，女人成了掌控者，完事後倒頭大睡，男主角只能隱忍，甚至偽裝迎合。像極了很多時候現實中的男女在親密關係中的模式。

一份調查報告中稱：67%的人仍認為夫妻生活應該男人主動，女人順從。

認為男性主導，所以導致女性順從，或者認為因為女性傾向順從討好，所以導致男性的掌控和主導，其實都不屬於公允的立場。

就像這部法國電影裡所反映的現象：難道只是性別的對調，就能解決男女在面對夫妻生活時不平等的問題嗎？

顯然不是。

為什麼性別差異要和親密關係的主導與順從連繫在一起？或者說為什麼會有親密關係的主導與順從之分？這是第二個需要思考的問題！

如果有一天，
職場不再問女性「如何平衡家庭與事業」會怎樣

前段時間，有一段採訪受到關注。採訪中，當被問到「身為一個成功女性，如何平衡家庭和事業」時，受訪者直接回答：「我要明確告訴你，我很討厭這個問題。因為這個問題本身，就是對女性的偏見。」

為什麼女性應該面臨平衡家庭和事業的問題？

為什麼男性不會經常被問到如何平衡家庭和事業？

《這個男人很難搞》中，當男性和女性的社會地位完全對換之後，女性開始成為行業菁英，男性成了她們的附屬。男女主角的一段對白，很能反映出這種社會角色對調後的有趣之處：

男：在我的世界裡，史前男性狩獵後只留下殘羹剩飯給女性，令她們虛弱。這種模式持續了千萬年。

女：在我的世界裡，女性是強勢性別，所以大自然選擇讓女性生育。她們負責狩獵，男性則負責照看孩子。

僅僅只是性別角色的對調，卻出現截然不同的社會地位大反轉，不得不說，這段對話非常具有深意……

為什麼性別就應該和要承擔的社會角色、家庭義務相關聯？這是第三個需要思考的問題。

關於這部電影，有很多值得思考和討論的點，只是站在女權主義或是男權主義的角度看，是遠遠不夠的，強調任何一方的絕對掌控權，恰恰才是導致男女無法實現真正意義上的平等及調和的問題所在。

或許就像馬雲在演講中所說，把事情做到，靠男性；把事情做好，靠女性；把事情做妙，要男女一起。男女之間最終要邁向的狀態，應該是合作雙贏，各自發揮所長，而不是誰來決定誰，誰來掌控誰。

說到底，婚姻中良性生態關係的形成，靠的也就是大家早日明白這個道理！

全職太太面面觀

文／時敬國

如果全職太太算是個職業，那有危險不是很正常嗎？

有一位女性朋友，一直在躊躇，自己要不要當全職太太。本來，她覺得自己有這個條件，但是最近她被一句話給嚇到了：

世界上最危險的職業，是全職太太。

昨天，她又分享了一個社群網站上的「網友投稿」給我看，大概內容是：和老公學生時代相戀 10 年，之後步入婚姻，後來有了孩子，為了照顧孩子我做了全職太太。我發現他出軌了，現在孩子一歲半，我該不該離婚？

這確實挺嚇人的 —— 一個女性會在婚姻裡陷入如此無力的處境。曾經堅信的愛情不見了，隱藏太深的「渣男」現身了。自尊無處尋覓，前路又未可知。

其實，這個案例最後的問題，我已經聽過無數次了。只要是問出這類問題的，其實都是離不了婚又不甘心受委屈的·

女性。嘴裡唸叨著自己的付出，對方的負心；自己的信任，對方的背叛……

最後，這些女性以及身邊的人，都會把罪魁禍首指向——全職太太。

所謂全職太太，就是放棄工作，專門照顧家庭的女性。這個稱呼，把家庭主婦定性成了一種職業。

但我覺得，既然是職業，那就會有做得好的，也有幹得差的。

所以，不能因為某些人在做全職太太的時候，陷入了困境，就說這個職業身分是危險的。畢竟，現在那些辛苦的職場人士，突然接到公司解聘通知的，也越來越多。他們入職的時候，也被激勵過，說著共同成長的話，幻想過有福同享的未來，他們也曾經奉獻過，也曾經犧牲過。

最終不也是要重新開始，面對生活嗎？所以，不能因為有遭遇困境的全職太太，就全面否定了全職太太這個身分。

失敗的全職太太其實是入職資質不夠

對於那些沒做好的全職太太，其實是有規律可循的。最主要的，有以下三類：

第一類：被動入職的

每個人的人生，都需要統籌，需要規劃。但總有些人的人生，是倉促的、盲目的。在很多人生決定上，他們沒有深思熟慮，總是被動往前。

很多家庭和婚姻不幸福，往往和人生的規劃有關。盲目遠嫁的、非要往大城市裡擠的、和雙方父母關係處理不好的、生孩子超出自己經濟能力的⋯⋯

規劃能力和應對意外的能力不足，有時會讓一個女性在進入婚姻後，在生孩子之後，被迫成為全職太太。

這種進入這個職業的方式，一般都不會多開心。不開心，就做不好，也一定會影響家庭關係。

而且，這種被動成為全職太太的，一般也沒有能力在做全職太太的同時，處理好自己的成長問題、與社會同步的問題和育兒的問題，隱患重重。

所以，這種情況下的全職太太，幾乎都會把自己搞得灰頭土臉，提前衰老。而且家庭氛圍也好不到哪裡去，抱怨多，猜疑多。

這類全職太太的失敗，不能怪這個職業，而是你的人生本身就已經很糟糕了，當全職太太是你不得已的選擇。

第二類：偷懶入職的

每個家庭都有家務，每個家庭都有孩子。所以，大家都有藉口，去嘗試做全職太太。有的相當不願意做，但有的卻是真心想做這一行。並不是因為熱愛，而是因為逃避 —— 逃避去社會上打拚，逃避社會上真刀真槍的競爭。

說白了，這類全職太太，就是希望藉著照顧家庭，藉著帶孩子，不去吃社會上的苦。

我曾經見過這樣一位媽媽，一懷孕就趕緊在家休息了。之後，孩子上了幼稚園，一整天不在家，本來她可以做一點別的事了，但她卻非說孩子不愛去幼稚園，或者孩子身體不好，需要她的照顧，這讓她沒辦法連續上班。

經過她潛意識裡不斷為這個藉口製造機會，孩子果真不愛去幼稚園，果真常生病了。這樣的全職太太，為了自己的偷懶，不僅拉孩子下水，也拖累孩子成長的腳步。

在這樣的家庭裡，丈夫會看到一個每天為自己找事情做的太太。她每天告訴你，家裡有多少事情，孩子有多讓人操心，所以她其實在家也很累。說實話，丈夫聽這些的時候，心更累。

所以，這類全職太太的失敗，不能怪這個職業，而是你自身在哪一行也都做不好。無論你是害怕吃苦，還是害怕去社會上遭遇挫敗，本質都是在逃避。

第三類：追求「被養」的

電影裡，有一種愛情，叫「我養你」。文學作品對這類愛情的美化，真的是造孽深重。

這種愛情模型，會廢掉一個女人，讓一個成年人，最後變成巨嬰，同時把那個男人搞成「渣男」。

前段時間，有位男演員和女演員離婚，這被當成了「全職太太很危險」的佐證。據說，剛結婚的時候，男人說「我養你」。

於是，女人放棄了自己的事業，在家做全職太太。現在離婚了，男人說：「都是我養你。」承諾變指責，看起來當然是「渣男」的錯。

其實，大家都是成年人，都有手有腳，即便真的特別相愛，但有必要用這種方式來表達愛嗎？

這難道不是把愛情當飯票嗎？你把自己變成無用的人，最後再去怪對方始亂終棄，有什麼用處嗎？就算對方被貼上「人渣」的標籤，你也不會因此獲得幸福。

我們做人應該學會了解人性。情緒上來的時候，很多承諾是不理性的。等冷靜下來，人性會暴露出自私的一面，會計較是不是公平，是不是值得。

所以，因相信「我養你」而受傷的人，有時也只能怪自己天真。

全職太太是一個既有門檻，也很有挑戰的生活方式

很多人嘴上不敢說，但心裡覺得，全職太太是一個貪圖安逸的角色，是不願意幹活或者不求上進的代名詞。

這些人認為，工作是必需的，因為你得賺錢養活自己。這些人還認為，人生需要有世俗意義上的社會價值，這樣人生才有意義。

但其實，你要知道，你的生活經驗，會限制你的思維。

真的不是所有人都需要自己賺錢養活自己 —— 不管是人家生下來就已經有了很多財富，還是家庭裡有一個人很擅長賺錢，其他人不需要再為錢而努力。

另外，你要知道，不是所有的人，都需要用功成名就來證明自己 —— 不管是人家生來恬淡，看透了人世間的喧囂；還是人家已經有了獨特的追求，和你的人生理想不一樣。

反過來，如果你是為了自己的功成名就，為了擴大自己的權力而工作，這也沒什麼好炫耀的。

總之，這個世界上有些人，不需要賺錢，也不需要用工作證明自己的價值。或許，人家需要的錢不多，名聲也不多，夠用就好。然後，他們有大把的精力，去做一些你從沒想過的事情。

那麼，他們負責做什麼呢？

他們需要去探索。當人不愁吃喝的時候，不需要被動工作的時候，人還能做點什麼？我們人類，不得不做的事情太多了。但這些事情做完了，還能幹點什麼？這是一個很有意義的探索。

一些高段位的全職太太，就是在做這件事。

可能有人會說，萬一這個男人變了心，出了軌呢？那你覺得，高段位的妻子，萬一沒了丈夫，難道自己會賺不到錢？

現在回到上一個問題，當一個人，不愁吃喝的時候，不需要被動工作的時候，人還能做點什麼？

我覺得，那些高段位的全職太太，在職責範圍和自己的個人發展這兩個方面，都會有所作為。

在自己的職責範圍內，她們會把家庭生活經營到一個新的境界。每個家庭成員帶著一身疲憊從喧囂的社會上回來的時候，都能體會到一種更超脫的生活境界。

在自己的個人發展方面，她們會走向內心，去尋找一些與以往不同的心靈體驗。

她們仍然會和人打交道，但做的事情或許已經和你的邏輯完全不一樣了。這導致你會有些看不懂。

但非常確定的一點是，她們早已經看透了愛情，對愛情有了更理性的看法。

她們的生活重心，不會總是盯著兩個人的關係，而是你有你的領地，我有我的領地，我們有一些交集。

但若失去這些交集，我自己的世界裡，依然有我熱愛的生活。

如何看待夫妻分房睡

文／子墨

睡在一起，自古以來都是男女成為夫妻的重要過程。兩個人「睡得怎麼樣」，也被看作「夫妻關係的晴雨表」。

前段時間，對於分房睡，網友分化出兩大陣營：一方視分房睡為洪水猛獸、出軌前奏；另一方卻認為分房睡是增進情趣、提高婚姻品質的有效手段。

分房睡，已婚男人的看法是什麼呢？今天，就讓我們來聽聽他們的心聲。

01

分房睡？哪個男人會主動提這樣的要求

男，35 歲，結婚 7 年

我和老婆一直是同床睡的，很好奇怎麼會有「夫妻分房睡」這樣的話題，竟然還要討論「分房睡會不會影響夫妻感情」，簡直可笑！

分房睡，都是女人主動提出的吧？正常的男人，哪個會提這麼荒唐的要求啊！

一個男人要是主動提跟老婆分房，肯定就是極度厭惡這個女人，忍耐已經突破極限了。

他要麼已經做好離婚的準備，要麼就是維持形式婚姻。只要對女人還有一點感情，男人都不會，也不敢主動提分房睡的。

為什麼？女人嘛，本來就愛胡思亂想，結婚時間長了，感情變淡，女人更容易敏感。想像一下，要是我主動提分房睡，接下來面對的會是什麼呢？我老婆的反應一定是這樣的：

「你是有多煩我，白天上班見不到，晚上還要躲著我。」

「孩子晚上醒來要喝水、要尿尿，就你想躲清淨，憑什麼？」

「你該不會外面有人了吧？」

……

女人為什麼會主動提分房睡？絕大多數都是想表示些什麼吧！當然也不排除確實厭惡老公的。

女人若有想表示的，理由也很多啊——老公腳臭、打呼、睡相不好……無非就是老公的毛病影響了她的睡眠品質。

可是，這些毛病剛結婚的時候不是也有嗎，那時候為什麼不分房呢？一起睡了幾年、十幾年，反倒開始受不了了，不奇怪嗎？說到底，還是兩個人的感情出了問題。

分房睡會不會影響夫妻感情？這是明擺著的啊 —— 有問題了才分房，這一分還怎麼回到一張床上？

別說什麼「給彼此冷靜的空間」，感情疏離了，裂縫都快變成鴻溝了，還不夠有「空間」？

逃避不是解決問題的辦法，說嚴重點，中年夫妻開始分房睡，無異於是為婚姻判死刑。

02

女人遭遇「喪偶式婚姻」，我這叫「光棍式婚姻」

男，28 歲，結婚 3 年

我們這個小地方的人，結婚都比較早。老婆是經人介紹認識的。我們是奉子成婚，結婚三年，孩子 2 歲多，分房睡也三年了。

結婚一個多月，岳母為了照顧孕吐嚴重的老婆，就從老家過來了。

我家是一房一廳，多一個人，就得有人睡客廳。岳母說她身體不好不能睡沙發，老婆也說她要跟她媽睡一起，方便媽媽照顧自己。於是，我就搬到客廳睡沙發。

我原以為岳母住些日子就會回去，結果到現在三年了，她也就去年春節回去了 3 天。

這三年來，我一直睡客廳，老婆和她媽媽帶著孩子睡臥室。

大家覺得很不可思議吧——世上竟然有這樣的岳母，這不是誠心破壞女兒的婚姻嗎？老婆竟然也能接受？我也是慢慢才想明白，為什麼她們會這樣。

老婆成長在單親家庭，小學時父母離婚，她是跟著媽媽長大的。這麼多年，她的父親幾乎跟她們母女倆斷了聯繫，我到現在也沒見過岳父。

岳母脾氣差、不講理，在老家鄰里關係很差，我也是後來才知道的。所以，她無牽無掛，女兒在哪家就在哪。

就這樣，我在這個家裡就像空氣一樣，她們很少主動跟我說話。我也曾努力去跟老婆溝通，創造兩個人相處的機會，但她從來都是迴避。後來我也心灰意冷了。

我平時會看婚姻情感類的文章，知道女人都愛用「喪偶式婚姻」討伐男人。身為一個被迫「分房睡」的男人，我自己經歷的「光棍式婚姻」，卻是有苦說不出。

離婚，也許是最好的出路吧！可是，我現在已經沒有一點生活的熱情了，連離婚都嫌麻煩，過一天算一天吧！

03

同睡一張床，是對婚姻最起碼的尊重

男，48 歲，結婚 23 年

結婚 23 年，女兒馬上大學畢業了，我們是正宗的「老夫老妻」。

我平時全神貫注在專案上，開車回家單程三四個小時，但我每週末都會回去。

到了我們這個年紀，我聽說有的夫妻會分房睡，但我們沒有。兩個人生活在一起久了，感情確實會轉化為親情，但有些枕邊話，還是習慣了睡在一張床上的時候說。

常言道，「十年修得同船渡，百年修得共枕眠」「床頭吵架床尾和」。我覺得，夫妻睡在一張床上，才是對婚姻最起碼的尊重。

若要說睡在一張床上會影響睡眠品質，這個因素肯定是有的，就看兩個人怎麼面對了。

比如，這麼多年，我睡覺都是不能有一點亮光，而我老婆晚上必須看書才能入睡；我的作息是早睡早起，而我老婆是夜貓子……怎麼辦呢？我戴著眼罩入睡，問題就解決了。

這麼多年，我用過的各式眼罩，沒有 100 個，也有好幾十個了。

我老婆睡覺比較淺，有一點聲音就會醒，而我的打呼聲大是出了名的。有一次，隔壁新來的小夥子半夜被我的打呼吵醒，以為外面打雷了，連忙起來去收衣服。

但奇怪的是，我老婆卻從來沒有被我的打呼吵醒過。之前我好奇還特別測過，我在家和不在家，她的睡眠品質都是一樣的。很神奇吧？

我覺得這是因為，夫妻兩人懷著互相包容的心，在一起時間長了，彼此之間的適應是可以深入細胞的。

後記

我看過許多女性對「分房睡」的討論，再來聽男人們的態度，著實讓人意外。

我能觸及的已婚男士們，對「夫妻分房睡」幾乎是一面倒的反對的態度，本文摘錄的 3 名受訪者，是受訪群體的一個縮影。

從一些女性的角度出發，她們認為婚姻到了一定階段，比如孩子出生、婚姻激情期過去，「分房睡」是一種很自然的選擇，並不會影響夫妻感情，反而會因為給彼此多一些空間而增進感情。

但我們不得不警惕：「分房睡不影響夫妻感情」，恐怕更多是女性一廂情願的自我安慰。

就像有一位讀者的留言：

我原來的理想狀態就是分房睡，兩人，兩房間，兩廁所，我的空間卡通風格，他的簡約風格，平時散步後睡覺前各自回房間，週末睡一起，所以後來我們也一直是這樣。直到七年後，我發現他出軌已有四年，關鍵是這四年中，我覺得我們的感情特別好，每天上下班親吻、電話不斷、睡覺前散步，這讓我一度覺得分房睡蠻好的……

夫妻關係不同於親子關係，好的夫妻關係最終應走向聚合，和而不同；好的親子關係最終會走向分離，離而不散。

具體到「睡」這件事上，夫妻同睡一張床，彼此適應。按步驟地分床、分房、搬離原生家庭，那是養孩子的步驟，而非對待配偶的方式。

當我們對「分房睡」心生嚮往，不妨問問自己：我為什麼不再願意跟他睡在一起？為什麼無法再容忍他的腳臭、打呼？如果為婚姻來一次「體檢」，我們的婚姻可能會有哪些問題呢？

註：因為疾病的原因，需要遵醫囑獨自就寢的，不應在此話題的討論範圍之內。

如何讓恩愛「保鮮」

文／閔婷

有位藝術家曾在街頭創作了一場大型行為藝術，名叫「孤獨沙發」。

鏡頭裡，上百張雙人沙發依次排開，整齊有序。穿著睡衣的女子，站在雙人沙發上，代表著「盼夫歸、等郎回」的女人們。

她們手舉標語，向世界發聲——

「你要我，還是要你的 boss？」

「我不要名牌包包，我只要你抱抱。」

「今晚不回家，再也別回來。」

「再貴的燭光晚餐，比不上你回家吃飯。」

「我做了一桌你愛吃的菜，只有我一個人吃。」

「你知不知道，我已經懷孕四週了？」

「你知道你多久沒吻我了嗎？」

「如果不是為了孩子，這個家早就散了。」

……

在這些標語的背後，都是一個個被關係所消耗的女人的發問、哀怨、無奈、祈求、控訴，甚至是責難與威脅。

我好奇的是，即便這些丈夫不缺席，天天陪在自己妻子的身邊，那麼，這些女人們就不再孤獨了嗎？或者，關係中的彼此消耗，真的就會戛然而止嗎？

泰國電影《永恆》(*Eternity*)給了我們一個精彩的答案。

它講述了一個這樣的故事：

女主角玉帕蒂貌美如花，深受西方教育的薰陶，有著一顆朝氣蓬勃並嚮往自由的心。

在一次王室成員舉辦的晚宴上，她與帕博結識。帕博是一位富商，年齡比玉帕蒂大很多，在其熱烈的追求下，玉帕蒂嫁入寨城。

男主角尚孟是帕博唯一的姪子，曾在緬甸留學多年，相貌英俊，沉靜溫和，一副翩翩公子的形象。

在一片美麗的森林裡，玉帕蒂與尚孟相愛了。

他們陷入情慾中，走上了一條突破倫理道德的不歸路。

帕博得知真相後，顯得異常平靜，並向眾人宣布將玉帕蒂交與尚孟，而交與的方式，是為兩人戴上一條特製的鎖鏈，將兩人永遠鎖在一起。

一開始，玉帕蒂與尚孟欣然接受這一懲罰，並開始過上夢寐以求的形影不離、逍遙自在的日子。

隨著時間的推移，關係的本質漸漸浮出水面。

生活上的諸多不便、性格上的差異等因素，導致二人爭執不斷，矛盾重重，甚至還會拳腳相加。

枷鎖難開，逃離又被劫回，他們走投無路。

故事的結局是：玉帕蒂開槍自殺，尚孟精神失常。

帕博，多麼精明的規則制定者！

為什麼女性在關係中會被消耗？

對比這兩個故事，我發現：

男人不回家，並不是女性在關係之中被消耗的根本原因。

並且，無比相愛的兩個人，毫無距離、沒有邊界地每天膩在一起，更不是女性獲得滋養的法寶。

既然如此，那麼，女性在關係之中被消耗的根本原因是什麼呢？

1. 時間

心理專家曾說過，「時間是最好的解藥」是人類最大的謊言之一。

相反，從某種角度來說，「時間是女性（關係）最大的敵人」。

《2017 年全球性別差距報告》顯示：

亞洲女性花在照顧家庭等無報酬工作上的時間占總勞動時間的 44.6%，而男性的這一數字僅為 18.9%。

《2017 年可持續發展目標報告》則顯示：

2010 年至 2016 年，女性平均花費在家務和護理工作上的時間是男性的 3 倍。

這些數據，說明什麼問題呢？

時間，在讓女性變得越來越焦慮 —— 皺紋的增添、面容的黯淡、活力的消失、關係的漸行漸遠、對自我的懷疑……

2. 認知

無論是工作中，還是生活中，我不止一次聽到過失戀女孩的哭訴：

「為什麼我們就不能好好過一生？」

「為什麼要拋棄我？」

「沒有你，我不能活。」

「你要是不要我了，就是把我毀了。」

……

在她們的認知裡，掌控自己人生幸福的關鍵永遠在對方手上，或者取決於一段情感關係形式的長久與否。

關係中，一個離開對方就活不了的女人，終將成為別人的累贅。如果把掌控人生幸福的鑰匙交付別人，只會期望越大，失望越大。

「一切為了關係，關係就是一切。」擁有如此認知的女性，注定被關係所消耗。

如何讓自己得到滋養？

關鍵是，女性如何讓自己得到滋養呢？

1. 停止內耗

人最大的敵人不是別人，而是自己。

對自己不滿意的人，迫切想改變自己的人，想讓自己脫胎換骨的人，都是把別人或者環境對自己的不滿植入了內心。

於是，外界的要求變成自己對自己的要求，外界的攻擊變成自己對自己的攻擊。

在一本書中，作者說：

「我很感謝那些挫敗的過往，如果不是在親密關係上遭受挫敗，我現在不知道自己會高傲到什麼地步，不知道自己會自以為是地飛翔到哪裡去了。是那些傷心和失落，讓我遇見那個未知的自己，活出自己想要展現的深度。」

那個未知的自己，是什麼模樣？起碼，具備這三個要素：

清楚自己是誰；

不再與自己為敵；

不再自我消耗。

2. 愛自己

在卓別林 70 歲時寫的詩中，他告訴人們如何真正愛自己：

真實 —— 所有的痛苦和情感的折磨都只是在提醒自己，活著，不要違背自己的本心；

尊重 —— 把自己的願望強加於人，是多麼的無禮；

成熟 —— 不再渴求不同的人生，知道任何發生在自己身邊的事情都是對自己成長的邀請；

自信 —— 漸漸明白，自己一直都在正確的時間、正確的地方，發生的一切都恰如其分，由此得以平靜；

單純 —— 不再犧牲自己的自由時間，不再去勾畫什麼宏偉的明天，今天只做有趣和快樂的事，做自己熱愛、讓心歡喜的事，用自己的方式和韻律；

自愛 —— 遠離一切不健康、讓自己遠離本真的東西；

謙遜 —— 不再總想著要永遠正確，不犯錯誤；

完美 —— 不再繼續沉溺於過去，也不再為明天而憂慮，活在一切正在發生的當下，活在此時此地。

當一個人真正開始愛自己並有效愛到自己時，周圍的一切都會隨之悄然變化。有能力滋養自己的人，必定能夠駕馭並收穫有營養的關係。

3. 享受，而非刻意經營關係

一位女性在談及自己與丈夫的婚姻時說：

「誰跟誰都談不上誰強大誰不強大，只有合適不合適。現在的婚姻自由選擇，他有權利選擇我，我有權利選擇他，他有權利選擇別人，我也是，這是一件很公平的事情。」

很多人認為，身為女性，更要竭盡全力追求關係裡的獨立、平等和自主，但須知，有時候越努力的一方越會陷入自我消耗的窘境。

如同，電影《永恆》中的男女主角，越追求永恆越墜入地獄。

世上不缺「聰明人」，也不乏所謂的「道理」，然而，情感本身並沒有什麼道理可講。

真正獲得滋養的雙方，他們都是心甘情願並樂在其中，自然而然地做到，享受關係本身，而非刻意經營。

以上，如果你想要收穫一段被滋養的關係，別忘了，先懂得滋養自己。

如何應對婚姻中的「三觀不合」？

文／羅文娟

在這個離婚率逐年攀升的時代，第三者被廣泛地認為是幸福婚姻的最大危害，防火防盜防小三。

可是，2017 年的一份關於離婚糾紛的司法大數據專題報告卻顯示：

感情不和才是導致離婚的第一名，很多第三者，不過是婚姻中夫妻雙方情感荒蕪的替補。

「三觀不合」能不合到什麼程度

說到三觀不合，婚姻中人們常說的是：

「我們三觀不合，想要溝通都難！」

「結婚以後，才發現門當戶對很重要，要不然三觀不合，死都拉不到一起！」

「他三觀不正，我沒辦法和他溝通！」

我身邊就有這樣兩對夫妻，遇上了溝通問題。

這幾個月，老王逢人就問：狗是吃狗糧好呢，還是跟人吃好？

而他家的電腦裡，全是老伴阿娟的搜尋紀錄：

狗為什麼要吃狗糧？

論吃狗糧的重要性。

狗糧對愛犬健康的重要性。

夫妻倆曾因工作分居多年，後來阿娟退休，牛郎織女才得以結束鵲橋相會的生活。沒想到，住在一起之後，兩人就因為狗起了爭執。

老王認為狗跟人吃就行，小時候他家養的中華田園犬從沒吃什麼狗糧，照樣健健康康。

可阿娟認為，要科學養狗。既然有狗糧，存在即合理。我們養了這隻狗，就要對它負責！

每次說到這裡，就說不下去了，雙方都覺得很鬱悶——好不容易生活在一起了，卻在這些小事上出問題，真是三觀不合，話不投機半句多。

而在豆子家，豆子媽和豆子爸的戰火也更新了！

早在豆子上幼稚園時，雙方就因為上私立還是公立幼稚園意見不一致。

現在，豆子馬上要上小學了，豆子媽態度很堅決：

「要上人少的學校，你看，上次聽你的，選了公立幼稚園，人超多，豆子都得不到老師的關注。」

豆子爸很無奈：

「又在說這件事，重點是豆子性格太內向，這和幼稚園有什麼關係！」

豆子媽氣得直咬牙：

「人是環境造就的，豆子這麼小說什麼性格內向，而且就因為豆子現在內向，我們才要給她一個好的環境！你學一點心理學啊，要不然我怎麼跟你說話！」

「三觀不合」的真相

「婚姻都講究門當戶對，要不然就會三觀不合！」

相親前，張嬌的奶奶仔細地叮囑她。

張奶奶當年以有錢人家的大小姐的身分嫁給家貧務農的爺爺，她認為自己吃盡了「三觀不合的虧」。

但是，事實上是這樣嗎？

從戀愛到婚姻，情侶間的互相吸引大致分為相似性吸引和相異性吸引。

說白了就是：

我們有共同的興趣愛好而互相吸引。

對方身上有自己沒有的閃光點而互相吸引。

同時，就像達文西說的：「世界上沒有哪兩片葉子是相同的。」也就是說，即使兩個人有共同的興趣愛好，因為相似而結合，也不會完全相同。

三觀不同，是非常正常且普遍的現象。

在具體的婚姻個案裡，我所看到的不同，基本也沒有大是大非上的差別。

吵著「三觀不合」的婚姻，大多吵的都是雞毛蒜皮的小事。一件件小事裡，情感越爭越淡薄。最後，兩人都認為已經到了「三觀不合」的程度。

EFT 情緒取向伴侶關係治療認為：差異的存在是必然的，但危及情感連線的，並不是差異本身，而是處理差異時，雙方因為個人受到的傷痛產生防禦導致關係產生惡性循環。

這樣說可能比較抽象，拿上文中豆子一家的例子來分析。

當豆子第一次上學時，豆子爸堅決要讓豆子上公立幼稚園，豆子媽在豆子爸的堅決當中，感覺到豆子爸是「拒絕」自己的。

豆子媽有一個創傷：她有一個控制慾非常強的媽媽，基本上，媽媽在家裡是說一不二的。

豆子爸一向是比較溫和的，但在公立幼稚園的事上，卻顯示出了說一不二的脾氣。豆子媽真正在意的是這一點——這就是傳說中的個人內在的傷痕，也就是「可惡的原生家庭的影響」。

豆子媽其實是傷心了，而且，傷心時，她就變得很生氣。於是她採取了報復行動。

而一向溫和的豆子爸，做出這種決定則完全是因為他的姪子 —— 在私立幼稚園整天吃麵，甚至有個孩子掉到了麵桶裡。

豆子爸的堅決，其實是在說：

豆子媽，在這件事上，我很擔心，我們就一個女兒，如果發生不測，那太恐怖了。

但明顯，豆子爸和大多數男人一樣，絕對不會說自己害怕，於是，豆子爸就表現出緊張。

緊張的時候，他就採用了控制的方法：直接帶著戶口名簿和豆子，在豆子媽上班時去報了名。

基本上，所有的個案裡，夫妻雙方都會發現一個血淋淋的事實 —— 原來都是為了婚姻好，結果雙方的誤會越積越大。

也就是說，「三觀不合」並不是關鍵，關鍵是「三觀不合」發生時，彼此都被對方的表層情緒耍了！

所謂表層情緒，是指一個人表現出來的情緒。

大多數「三觀不合」的夫妻，都在錯位的表層情緒裡掙扎。

如果表層情緒在你傷心失落，需要安慰和關心時，錯位成了生氣，對方就收不到你是傷心、難過，需要安慰的，會認為生氣的你是不需要他，甚至是討厭他的。

你害怕，卻表現出控制，那麼對方就收不到你的害怕，反而認為你很強大、很嚇人，他就不敢靠近你，而是會遠離你或者與你抗爭。

過馬路法，打破「三觀不合」

如果，你和另一半「三觀不合」了，你們可以嘗試這個「過馬路法」：一停、二看、三通過。

一停

當你們吵到「我們沒辦法談攏」「你三觀不正」「我們三觀不合沒辦法」時，暫停一下，因為此時，你們雙方都被對方的觀點卡住了。

二看

從爭論中，看到自己堅持的觀點對自己的意義，開啟情感連線。

這一點非常重要，因為往往雙方堅持的觀點裡，都包含了自身過往的創傷。

比如上面的豆子爸：

他堅持要孩子上公立幼稚園，其實是因為他聽說許多私立幼稚園的恐怖情況，他希望孩子得到更有保障的環境。

同時，他說話時的語氣太著急了，讓豆子媽感到不舒服。如果他能意識到這點，調整語氣，夫妻兩人就能好好溝通了。

三通過

經常總結自己的情緒模式，比如：有些人特別容易在害怕時生氣，接著在言語上諷刺別人。

每次陷入情緒時，帶著覺察，看清自己的真實需求是什麼，這樣長期摸索下去，就能選擇更能夠滿足自己的方式。

透過表層情緒，摸清自己的深層情緒和內在需求。

「三觀不合」從來不是婚姻問題的原因本質，而是婚姻品質需要提升的訊號。

就像游泳，決定你能否游得暢快的並不是這個泳池的水——而是你的泳技！

完美婚姻，都死於慾望

文／蘇曉、潘幸知

保持慾望最好的方法是克制慾望

失意富有的作家奧斯卡在巴黎 96 路公車上，邂逅了長相甜美、身材豐滿的年輕女孩咪咪。從奧斯卡開始注意到她的白色球鞋起，愛情的電光火石和慾望的暗潮洶湧便已經無法抑制。

他和她產生交集源於他對她英雄救美的行為。女孩因為窮困而逃票，中年男人注意到了她的窘迫，偷偷把自己的票塞給女孩。

最後作家因為無票被趕下車。望著年輕女孩美麗的長髮和深邃的眼睛他站在原地出神、久久不願離開。

那一次邂逅，她便成為他眼中的天堂、心中的永恆。

那次分離後，作家再也無法寫作、無法入睡，更無法把一面之緣的女孩從自己的心裡趕出去。

放浪形骸的男作家，在邂逅逃票女孩之前，曾閱女無數，但是他知道，這一次遇到的女孩不同於以往，他知道自己愛上她了。於是，他在巴黎街頭開始了漫長的尋找之旅。

最後，在一家餐廳用餐時，他發現為自己服務的服務生正是自己夢寐以求的逃票女孩。作家運用自己嫻熟的追求經驗很快追到了女孩。

此後，他們瘋狂享受這場狂熱和激情。

他寵溺地看著她，她用崇拜依戀的眼神回視；他們玩著孩童玩的遊戲，自然地喝著同一瓶水；他幫她揉腳，她幫他刮鬍子。連續三天沒有出門，他們僅靠愛情和發餿的羊角麵包度日。女孩甚至為愛情辭去了工作，因為她無法忍受與他的片刻分離……

他們的結合僅僅因為慾望嗎？

不只如此，應該也包含深深的愛！不然，多年以後，他的回憶怎麼會那麼清晰而細膩；不然，當他看到她與其他男人調情時，心頭怎麼會湧起一股苦澀和傷感？

可是，這場激情燃燒得太過猛烈。

曾經最讓人瘋狂的激情也因為消耗得過多、過快而失去了誘惑和新鮮感，讓人覺得乏味甚至厭倦。

男人很快地開始抽離出感情、轉身投向寫作，同時也想拓展自己的視野和生活。而女孩卻越陷越深、無法抽身。

男人的貪婪在於他想要擁有更多的女人。而更多的女人意味著他無法保持忠誠，也無法實現永恆。

而女人的貪婪在於她想要擁有這個男人的全部，無論是好的還是壞的、美好的還是醜陋的。這種貪婪達到極致，會演變為一種瘋狂的占有、虐待與被虐待。

終於，兩個人都為這場過於極致的刺激付出了代價，甚至最終被這場過於強烈的愛所毀滅。從這個角度看，保持慾望最好的方法，是克制慾望。

當為愛情丟掉尊嚴，愛還剩下什麼？

對於男作家而言，當激情的拋物線到達巔峰時，便是愛情散場的時候。因為從那以後，愛情便開始走下坡路。

他不願承擔愛情的責任和後果。他不想兩個人變得像同一個魚缸裡的兩隻魚。或者說，他想繼續過聲色犬馬的享樂生活，而不想一輩子被同一個女人束縛。

可是他不懂，女人的愛情信念和他是那樣的不同，他也遠遠沒有預料到，一個女人對愛情的執著能讓她瘋狂。

當作家提出和咪咪分手，甚至要趕她走的時候，咪咪每次還沒走出家門，就折了回來，祈求他不要趕她走。甚至在已經離開的情況下，她也會放下一切尊嚴，祈求他收留她。

為了能留在他的身邊，她甚至可以接受他打她、罵她，甚至去找別的女人。為了能和他在一起，她可以做任何事情。

他們之間瘋狂而熾烈的愛情，逐漸演變為一場地位不平等的虐戀。

她忍受著他對她情感上的忽略、精神上的嘲諷，忍受著他根本沒有為他們的未來做任何打算，更毫不愛惜她的身體和健康。

當她在對方施捨給自己的「愛情」中苟延殘喘時，其實她早已不是她，不再是當初那個深深吸引他、令他怦然心動的女子，不再是那個身材曼妙、充滿生機和活力的舞者。

她說：「離開你，我活不下去。」

此時，她已經在愛情裡迷失了方向，找不到自我，也分不清「你我」。任憑作家怎樣羞辱她、貶低她、無視她，咪咪還是留了下來，她想用忠誠來詮釋自己對他的愛。

可是她卻沒有意識到，她此時的忠誠對於這個男人而言，只是一種令人厭煩的捆綁和束縛。

後來，她發現自己懷孕了。作家告訴她，他無法想像一個孩子誕生在這棟房子裡以後的生活。

最終，孩子沒能來到這個世界上。而作家接下來做了一件更加匪夷所思且令人不齒的事情。

他謊稱，要和咪咪一起去另外一個遙遠的城市生活。然而，在登上飛機後，他自己偷偷溜走了，留下咪咪一個人飛去了一個遙遠而陌生的地方。

此時，男作家和咪咪同時望著天上的那輪彎彎的月亮，心境一個天上一個地下。

對於急於從這段關係中脫身的男作家而言，這意味著重獲自由；可是對於咪咪來說，這個場面是那樣淒涼而傷感。

當夜晚的飛機起飛，咪咪望向窗外的一刻，她知道自己苦苦守候的愛情已經死亡。

完美的愛情就可以抵制誘惑嗎？

故事中，英國夫婦奈傑爾與菲奧娜，是與作家奧斯卡和咪咪截然不同的一對伴侶。

這對伴侶在開往印度的一艘郵輪上相遇了。

那時，男作家已經是一個半身癱瘓、坐在輪椅上、毫無風度可言的半個老頭；而咪咪也已經重操舊業，成為一名神祕而魅惑、極具性感氣息的舞者。

原來，男作家拋棄咪咪後，在一次酒後出了車禍，曾經的那些女友，沒有一個來看望他。此時，咪咪卻從遙遠的地方回來看望他，並「順便」把他骨折的腿徹底摔斷。餘生，他只能坐在輪椅上。

從此，咪咪留下來照顧男作家，而男作家也再沒有尋歡作樂的機會了。後來，兩個人登記結了婚。

如果說郵輪上的奧斯卡和咪咪是「壞壞組合」，那麼奈傑爾和菲奧娜就是「好好組合」。

奈傑爾是英國紳士，英俊帥氣，良善正統；菲奧娜是英國淑女，美麗優雅，保守矜持。

他們的婚姻進入第七年，兩人依舊保持和諧恩愛。他們為了找尋一些浪漫和激情，一起登上了前往印度的郵輪。

奈傑爾和菲奧娜相愛嗎？毫無疑問。

從他們在甲板上自然地擁抱依偎，風起時他為她貼心地披外套，以及彼此熟悉而默契的眼神中都能看得出來。他們的愛情，可以算是凡塵俗世間完美的代表了。

可是，再完美的愛情，也會有進入平淡期的一天。或者說，他們的愛情，從一開始就不同於男作家和咪咪的那種極具刺激和狂熱的愛情。

或許，也正是這種完美愛情中存在的缺失，才會讓奈傑爾在郵輪上偶遇魅惑舞女咪咪時，產生了巨大的好奇心和窺視慾，那顆不甘於平淡的心開始蠢蠢欲動。

而妻子菲奧娜覺察到丈夫那顆動搖不安的心後，起初，她對丈夫感到非常憤怒和失望。

然而，電影快結尾時，當她看到自己的丈夫在舞池中與咪咪貼身熱舞、欲行不軌時，當她面對丈夫不安的眼神、慌亂的解釋時，她冷冷地看著，沉思片刻，隨後走向舞池，開始了自己激情的舞蹈。

此時的菲奧娜，已經換下正統嚴肅的淑女裝，穿上華麗的禮服，打扮得光彩照人，舞姿妖嬈，令人傾倒。

丈夫面對這一幕，目瞪口呆。而輪椅上的作家看著這一幕，調侃地對英國紳士說，或許，你的妻子才是你最好的選擇。

藉由作家奧斯卡和咪咪這對組合，菲奧娜看到了丈夫正人君子的表象下那顆動搖不安的心，而奈傑爾同樣看到妻子正統保守背後的狂熱、奔放的一面。

完美的愛情就可以抵制誘惑嗎？答案似乎是否定的。

每對伴侶的婚姻都是兩種組合的結合體

作家奧斯卡和咪咪代表的組合，是狂熱、激情、混亂、動盪、放縱、背叛、邪惡、仇恨、焦慮。

而奈傑爾與菲奧娜代表的組合，是平淡、和諧、寧靜、秩序、穩定、忠誠、純潔、信任、愛與幸福。

這兩條線看似平行，實則交錯。平靜下面隱藏著渴望放縱的躁動。

就像英國紳士奈傑爾和淑女菲奧娜，其實他們都渴望著，在平淡的生活裡找尋到一抹意外的刺激，想以此來證明自己沒有陷入平庸的生活。

同時，動盪的世界裡似乎也有一顆渴望救贖的心。就像奧斯卡看到躺在病床上極度虛弱憔悴的咪咪時，他的內心獨白是：「看著她像墓穴裡的石雕般的模樣，有那麼一刻，我幾乎投降了。」

最終他為什麼沒有投降，而選擇在尋歡作樂的路上一條道走到底呢？

歸根究柢，除他「渣男」的本性之外，這和他的恐懼感和不配得感也有很大的關係。

他明明清楚地知道，除了咪咪，他已經不會在第二個人身上找到同樣的熱情，可是他還是選擇拋棄了咪咪，因為他不敢相信愛情和永恆，他恐懼生活的瑣碎會將那最絢爛的愛情消耗殆盡。

他不敢面對一份平淡但是永恆的情感，因為他的愛情都是建立在慾念基礎之上的；同時他也覺得自己不配擁有孩子。

其實，在平淡的生活中發現樂趣、體會幸福是一種巨大的能力。

有的人之所以要靠著強烈的外界刺激和極致的感官體驗來捕獲愛情、享受樂趣，這在一定程度上說明其自身對愛的感受性的遲鈍。

激情不可能成就永恆，而極致的感官享樂，也並非天堂。

極力想追求什麼，必然不斷失去什麼。因為人性往往太貪婪，人的欲望往往不會滿足於已經擁有的，我們擁有得越多，也越容易喪失敬畏之心。於是，再多的擁有，也變成了平淡無奇和乏味無聊。

平淡是隨時可得的東西；而強烈是稀有之物。我們總是認為物以稀為貴；但有時卻忘記了，最寶貴的東西往往正是平常之物。

電影中，作家奧斯卡拋棄了咪咪，其實也代表著他拋棄了所有的女人，拋棄了對愛情的信念，同時也拋棄了他自己。

挖掘彼此更多的可能性，以建立更深層的親密關係

電影中傳統妻子菲奧娜前後形象的巨大反差，以及作家奧斯卡對奈傑爾說的那句「或許你還沒有充分發掘你妻子的潛力」，這些設計似乎表達了女性在婚後的某種「放棄和犧牲」。

她把自己的女性魅力只呈現給丈夫一人，對外則變得含蓄矜持、深藏不露。假如她的丈夫不懂得欣賞自己，那麼妻子的這種隱藏其實是一種浪費。

現實中，大多數妻子出於對男性尊嚴的服從，或者對婚姻的忠誠，她們即使內心感到失落，但通常會放棄一些自己的樂趣，而選擇忍受這種浪費。除非，她們的丈夫越過了她們所能忍受的邊界。

其實在現實生活中，無論男人還是女人，往往都是多面的、立體的。可是在相處的過程中，我們往往會忽視伴侶身上的某些部分。

比如，溫柔保守的妻子有渴望熱情和變化的另一面；內向老實的丈夫有渴望自由和突破常規的另一面。

再如，在傳統的男主外、女主內的家庭模式中，丈夫會自動地把妻子當成是家庭的女管家、孩子的母親，認為她應該是賢良的、慈愛的、顧全大局的，卻容易忽略她其實也是一個女人，她是她自己，她也渴望被欣賞，被當作一個有魅力的女人來對待。

而負責賺錢養家的男人往往被認為是有擔當的、有能力的、堅強的，但是有時也會被忽略，其身上也有脆弱的、任性的、渴望做回孩子的那一面。

所以，充分挖掘一個人的自我，以及看到一個人性格的多面性、角色的複雜性，不用絕對化的眼光去看待和評判我們的伴侶，挖掘彼此身上更多的可能性，這有助於我們更真實地貼近自己的伴侶，建立更深層的親密關係。

這部法國電影《鑰匙孔的愛》(*Bitter Moon*)道出了愛情和婚姻中最殘酷的真相，同時這部電影也不乏溫情和希望。

願所有正在愛著或者已經進入平淡期的伴侶，活在當下，感受當下。

危機，有時候可以拯救婚姻

文／蘑菇姑姑

沒有「危機」的婚姻就好嗎？

前段時間，我的朋友收到了出差老公的視訊電話，突然驚喜地對我們說：他還是第一次向我打視訊電話！

一個視訊電話都可以讓她「驚喜」，不了解他們的人會說至於嗎。

但很多妻子或許能理解。大部分人的婚姻「沒有消息就是好消息」—— 偶爾有好消息，那真的稱得上是驚喜了。

之前不是有個段子來形容這種情況嗎？說某天丈夫領了薪水心血來潮為妻子買了個禮物，妻子首先感受到的不是驚喜，而是心裡先敲起小鼓：「這男人是不是出了什麼問題？」

人們開始對婚姻裡的浪漫感覺不適，這象徵著雙方婚姻模式固化，讓關係行走在日常的軌道上，是一件毫不費力的事，同時也不再期待任何改變。

愛情必須時時更新，生長，創造。

而婚姻強調的卻是安穩。好像只要運轉合理，就可以無限量販賣安全感。

但別以為出軌、分居才是婚姻危機，或許風平浪靜裡的那些「習慣」更侵蝕感情、看起來沒有任何「危機」的婚姻，並不像你以為的那麼好。

真正的婚姻危機在哪裡？

真正的婚姻危機，不是吵架，不是出軌，是「自我」和「婚姻」之間產生矛盾。

上週，好朋友 C 跟我說，她終於透過努力為自己爭取到了休養假期，可以離開家，去她嚮往已久的外地，靜靜地待上兩週。

C 已經做了兩年全職媽媽，家裡加上她有 5 口人，兩房一廳的房子，永遠擠得滿滿的。

她常常覺得透不過氣來，不止一次地跟丈夫說過她想自己出去待一段時間。但是丈夫表示非常不理解，他不明白為什麼她要拋下家裡人自己出去。她在自我和妻子、兒媳、母親這些角色面前左右為難了很久。

遺憾的是，這次一個人的出行，丈夫依然不支持 —— 只是被說煩了，表示不反對而已。

在這個過程中，C 發現，自己的婚姻問題不是因為丈夫情商低，真正的危機是自己的自我實現和婚姻角色存在嚴重分歧。

婚姻中看似是兩個人之間的危機，但往往是一個人自我危機的延伸。

美劇《漫才梅索太太》(*The Marvelous Mrs. Maisel*) 中的女主角米菊也遭遇到了這樣的危機。

米菊年輕貌美，有兩個孩子，有一棟高級公寓，過著典型的中產生活。

她曾經以為自己的一生就可以這樣過下去了，圍繞著丈夫孩子。然而，突然有一天，丈夫告訴她自己愛上了女祕書，要離家出走。

丈夫的出軌其實是源於他自身對人生的恐懼。人到中年，他發現自己並不如想像中的強大，事業受挫，未來迷茫，妻子作為一個完美的主婦，總是用自己的完美讓他感覺到巨大的壓力。

在她身邊，他不得不努力，好像這樣才能配得上她的完美。但他如果不是那個能成功的人呢？他都不確定自己的未來，如何成為另一個人的希望？

在這段婚姻中，丈夫被賦予了家庭權力者的角色，他非常想逃避這樣的角色。他不知道自己的未來在哪裡，也不知道不成功的自己是不是值得被愛，所以他選擇了出軌和出走來逃避一切。

而米菊其實也並不了解自己，她本來很有能力，可以發展事業，卻把自己困在了日復一日的家務勞作中。身為一個人，她的能量其實一直在婚姻裡用得過多，這讓她感到被束縛；而身為一個妻子，她必須以丈夫為重。

所以她那耗費不完的精力和能量都用在了丈夫身上，她為他安排各種事情，這為丈夫帶來了很大的壓力。

可見，對夫妻雙方來說，如果自己身為人的部分和身為家庭角色的部分不能很好地協調，我們的天性就會想衝破藩籬，對婚姻造成破壞性的影響。

真正的危機正是這種自我危機和家庭角色之間無法協調共處的情況。

婚姻太像一個「溫水煮青蛙」的場所了。我們走進婚姻的時候，可能還不是很了解自己，隨著時間的推移，我們的「自己」在成長，也在變化，當我們作為自己的部分和婚姻角色之間產生矛盾時，婚姻便很容易出現問題。

而恰恰是太習慣婚姻慣常模式的夫妻，對對方只有「走在日常軌道」上的要求，他們對這一點的警惕是不足的，因為他們太習慣彼此互動的方式了，漸漸地，自我危機就會變成婚姻的危機。

婚姻從量變到質變，是一場保衛戰

其實婚姻那麼長，兩個人發展不同步是正常的。但是，小小的「危機」若一直不被看到，就會釀成大大的危機。像前面的案例一樣，壓死駱駝的最後一根稻草是出軌，但卻來自長期婚姻中，被漠視的彼此不同步的狀態。

婚姻和所有關係一樣，都是動態發展的，有它自己的規律，有高潮也有低落。

把結婚當成關係的終點，是非常危險的做法。它會讓你鬆懈，讓你偷懶，讓你不再重視和珍惜對方以及彼此的關係。最終，關係就像一潭死水，像枯萎的花朵，不再滋養彼此。

而危機中，米菊也有了新的成長。一次偶然的機會，米菊喝醉之後跑到舞臺上去發酒瘋，竟然發現自己有驚人的脫口秀天賦，她遠比丈夫更有舞臺表現力。

她發現她弄錯了，她一直作為支持者，支持丈夫的夢想，但是該站上舞臺的應該是她自己。而這一點，若不在心理上先把過去婚姻中習慣的角色分配的模式打破，她就永遠發現不了！

後來的故事是，當米菊在舞臺上面光彩熠熠的時候，她發現自己仍然深愛丈夫，解除了婚姻裡的角色之後，丈夫和她之間兩個人的情感連線更深了……

正如一部電視劇中的臺詞：「我們曾經一起出發，在奔赴理想的路上丟掉了彼此。」

多少婚姻最後解散，是因為他們在精神上早就沒有能力彼此陪伴了。

《親密關係》(*Relationship: Bridge to the Soul*) 這本書中說，我們理想的婚姻其實是一種相伴之愛 (companionate love)。它將親密和忠誠結合在一起，維持深刻、長期的友誼至關重要。

既然是長期友誼，這裡面就要有一種肝膽相照、互為後方的支撐關係，沒有這樣真正的相伴，我們的婚姻實質上已經處在危機之中了。

我們可以更好的

網路上有個問題：在哪個瞬間你對婚姻徹底死心？

網友葉子說，我在廚房做飯，忙了一身汗。炒完四道菜端上桌，接著去做湯，湯端上來時，老公已經把四道菜吃完了！一桌子殘羹剩飯……

其實，很多愛情不是敗給了真正的危機，而是敗給了這樣令人心寒的細節。

在這些細節裡，你可以看到婚姻的大敵正是這種「無知無覺」的懈怠。以為沒有危機，所以我們隨心所欲地對待對方，不再考慮對方的需求，對方持續被忽略、被怠慢，於是兩個人漸行漸遠，失去了信任和連線。

正因為如此，很多人真正面臨婚姻的危機時，還不知道是為什麼。

人有一個基本的特性，對已經得到的東西投注的注意力會越來越少，但婚姻如果只有存量，沒有增量，離破裂也就不遠了。

婚姻的增量是什麼？保持對對方的關注，保持活在危機中的警醒。

只是，想要看到對方真實的樣子，需要愛的能力和用心，你是否有這樣的危機意識？

第三章
愛是門學問：
自察與成長

忍耐，是應對背叛最壞的方式

文／茗荷

生活中，我們總能聽到這類故事：

「我們認識沒幾天就發生了關係，之後我告訴他，如果你是認真的，我一定好好愛你，朝著結婚去。」

「但他卻對我越來越冷淡，最後我只好把他封鎖了。」

「我錯了嗎？談戀愛就要朝著結婚去，我接受的一直是這種教育啊！」

「我老公酗酒，偶爾有家暴，還幾乎不拿錢回家，都是我一個人撐著這個家。有時候我很想離婚，可是離了婚女人就貶值了，我怕自己沒人要了，也怕被人笑話。」

「我們上大學的時候就在一起了，有孩子之後，他希望他賺錢養家，我照顧孩子，做個賢妻良母就行了。

「沒想到我那麼努力地照顧家庭，他還是背叛了我，甚至嫌我沒有收入全靠他養。」

「我為他生兒育女，付出了最寶貴的青春，卻換來這種回報，想想真是後悔⋯⋯」

每次看到這些經歷，再了解到身邊姐妹的一些觀念，我除了深深的心疼，更覺察到不同婚戀觀對女人深遠的影響。

小時候童話故事結尾，「王子和公主從此過上幸福的生活」，這從來不是人生故事的真正結局，而是艱難生活的開始。

長久以來，無論是文化教育，還是影視媒體，都向女人們灌輸了太多自相矛盾的觀念，魚龍混雜、混淆視聽的「毒雞湯」隨處可見。

我想，我們很有必要釐清一下，那些我們經常聽到，卻對女性情感自立毫無幫助的有毒觀念，讓陷在其中的女人們清醒過來。

一、愛我當然會懂我啊

毒性：★★★

潛臺詞：他如果不懂我，不理解我，不照我心裡的期待去做，就是不愛我。

解析：每個人都是獨立的個體，哪怕是再相愛的兩個人，都很可能想法不一致，這是正常的。

談戀愛的時候，彼此會為對方多花一些心思。一旦時間長了，對方不能按照你的需求滿足你，是大機率會出現的事情，但這未必說明他不愛你。

解毒湯：坦誠地表達感受和需求，而不是以抱怨和指責的方式。

二、我為他生兒育女，付出了最寶貴的青春

毒性指數：★★★★

潛臺詞：我的孩子是為我老公生的。

女人的青春是短暫的，上了年紀的女性是沒有價值的。

解析：這一觀念下，不少女性在分手的時候會自怨自艾，拿不起放不下，陷入深深的無力感中。

事實上，大多數女性比男性更喜愛和依賴孩子。對大多數人來說，很可能是女人想要孩子，哄著男人去生，並一起養育（勇敢承認吧）。

至於青春，也是相互消耗的，你看看他，他是不是也從當年你眼中那個怎麼看怎麼順眼的帥哥變成了微微發福、肌肉鬆弛的中年大叔了？

跟不跟他在一起，青春一樣留不住。何況每個年齡層有每個階段的美，擁有一顆「少女心」，年齡危機才會沒有那麼重。

解毒湯：我願意生孩子就生，願意跟誰度過青春就一起過，若是中途散場，一別兩寬，各自安好。

三、你負責貌美如花，我負責賺錢養家

毒性指數：★★★★★

潛臺詞：一個女人那麼拚幹嘛？女人負責把家庭、孩子

等雜事打理好，讓男人可以專心在事業上實現自我就夠了。

女人只要做個好妻子、好媽媽就行了，哦，對，還得注意個人形象，讓男人有面子！

解析：這一思想下，不少女性開始關上門當起了全職太太，不工作、不去接觸社會，甚至不交朋友。當面臨丈夫背叛、家道中落等危機的時候，她們往往後悔莫及。

對這種分工模式著迷的人，可以檢視一下自己的思想裡，有沒有想依靠他人，或者偷懶、走捷徑的念頭。我一直認為，亞洲全職太太是最具風險性的職業。

如果是出於家庭的需求，夫妻雙方協商，在尊重太太意願的情況下，太太選擇回家，先生在日常生活中能意識到太太的不易、肯定太太的價值，這是可以接受的。

如果你經常聽到「是我養著你，你懂什麼」這種話，請高度警惕你眼前的男人，很可能他離出軌已經不遠了，還是趁早做準備比較好。

解毒湯：生活處處能開花，就算別人的錢可以隨意花，也得具備自己賺錢養活自己的能力。

四、女人最重要的是家庭

毒性指數：★★★★★

潛臺詞：家庭才是女性的主戰場，只要有個好家庭，即使其他方面讓自己感覺挫敗，你這一生也是幸福的。

解析：在這種思想的麻痺下，不少女性在婚後，尤其是孩子出生之後，迅速把精力放在了家庭上。

一方面，女性其實是很無私的，她知道如果自己更多關注家庭就意味著事業上會受到影響，但還是做出了這樣的選擇。

可另一方面，做出這種選擇的女性，常常感覺內心迷茫，找不到自我，遇到婚姻危機的時候，也無法做到在經濟上保持獨立，社交資源匱乏，十分被動。

解毒湯：女人的幸福≠婚姻，女人的幸福靠自己，與婚姻有關，但兩者不能畫等號；關愛和滿足自身價值需求，至關重要。

五、男人都是小孩

毒性指數：★★★★★

潛臺詞：女人要當男人的媽媽，要像媽媽對待兒子一樣照顧丈夫，忍受他的媽寶行為。

解析：或許每個人的內心深處都有一個內在小孩，男性也有很多的脆弱和無助需要袒露在妻子面前，渴望得到妻子媽媽般的關懷。

但是，在精神上的撫慰和理解並不意味著，你需要在生活中處處把丈夫當孩子對待，替他打點大小事務，讓他越來越習慣於回家就窩進沙發、打遊戲。

被這樣對待的男性，是絕對不會感激你的，很可能一有機會他還會去為其他女人做牛做馬，因為他在別人那裡找到了價值感。

解毒湯：別做「聖母」，相信他，鼓勵他，他很可能做得比你還好。

六、出軌？哪個男人沒這種事啊，忍忍就過去了

毒性指數：★★★★★

潛臺詞：出軌的男人很多，你忍忍吧，他玩膩了就回來了，這不是大事。

解析：對方出軌後，如果你已經結婚了，會有各種三姑六婆來告訴你這條人生哲學。我們並不主張離婚是解決出軌的唯一方法。但是，選擇原諒和接納還是有條件的：

1. 夫妻雙方都願意面對這場危機。
2. 真心悔過。
3. 誠意和行為缺一不可，否則，千萬別忍，若忍出毛病，來勸你的人是不會幫你治的。身體和心情都是自己的，自己選擇，自己負責。

解毒湯：出不出軌是你的事，原不原諒是我的事，開心最重要。

七、女人一定要做賢妻良母

毒性指數：★★★★★＋

潛臺詞：只有做賢妻良母才會有人娶，要把家人的需求置於自己的需求之前。

解析：這種人設之下，女人往往忽略自身需求，過於懂事，壓抑了自身的需求，也讓對方的需求日益增長。失去平衡太久，要麼妻子忍不下去了，要麼男人甚感無趣，有了二心。

解毒湯：賢妻良母？ NO ！我就要做個坦蕩真實的「壞女人」！先讓自己開心，才有力氣去幸福生活。

八、這把年紀了，找個好人嫁了吧

毒性指數：★★★★

潛臺詞：年齡大了就貶值了，再不結婚就沒人要了。不要挑來挑去，湊合就行，只要能結婚。

解析：不少女性在這種勸說中，在不能結婚的恐懼中匆忙結婚了。婚後，面對不甘心之下選擇的對象，她們過得極其糟糕。

更令人難以容忍的是——當初聽信他人，降低標準找個「好人」「老實人」結婚，沒想到他還用冷暴力、出軌來對付你。生活，陷入了困局。

什麼是「好人」？什麼又是可靠的人？

在長輩眼中，他們的形象大多是：工作穩定、性格內向、生活單一。但沒人能夠保證未來，所謂的「好人」也並不代表他們善於經營婚姻，願意成長。

解毒湯：人生有很多事不能自主，結婚這件事，還是照自己心意來吧，大不了找到了把他打一頓——「為什麼這麼晚才來找我！」

唉！我越寫越發現，情感裡的毒觀念實在是太多了，不勝枚舉。其主旨都指向一點：女性天生就是弱者，靠自己幸福不了，只有依附他人的愛才能得到幸福。

然而，我們需要始終提醒自己的是：女性和男性一樣，本身就是完美的存在，也擁有幸福的能力。擁有愛和幸福，從不需要靠依附。

從一段不好的感情裡走出來到底有多難？

文／馮雪嬌

怎樣判斷一段感情好不好

一段感情好不好，外人很難言說，然而，自己卻是可以判斷的。判斷的其中一個重要標準，就是：在這段感情裡，你的自我，是一個什麼狀態。

番茄跟男友在一起五年，特別渴望結婚。

與男友在一起的第二年她就開始提結婚，男友的態度呢，一會說「當你跟自己和解了，我們就結婚」，一會又說「結婚不結婚沒什麼區別啊，我們現在就挺好的」，一會又說「我看到研究報告說，結婚會影響人的大腦，會讓原本很好的感情，變得很糟糕」。

番茄呢，明明很想結婚，卻一遍又一遍壓抑自己的願望，選擇認同男友。她不斷地告訴自己，嗯，也許他說的是對的。

直到在一起 5 年以後，番茄徹底感覺不到對男友的愛意，才恍然明白，在這段關係裡，自己埋藏著多麼深的失望。

當一個人的意願和感受，被通通壓抑下來，而完全順從另一方的意願和感受，她就失去了自己。

比如，明明你很想結婚，但對方就是不願結婚，雖然你選擇繼續與他在一起，但你的失望仍然在。

比如，對方疑似有小三，你的心裡有懷疑和憤怒，雖然你選擇相信對方，但你的懷疑和憤怒依然在。

因而，好的感情是，既看到了自己的期待，也能看到對方的期待，雙方在尊重彼此需求的基礎上，達成一致。

好的感情，是一種平等與合作的方式，並非一方犧牲自己，去成全另一方。

自我犧牲換回來的關係，終究是短暫的。因為自我犧牲所導致的怨恨、不滿、憤怒，會讓一段關係很難長期維持下去。

為什麼明知這段感情不好可我還是走不出來

一段感情，雖然不好，但是又分不開，一定是這段感情滿足了你的某個最重要的需求。

然而，需求有 4 分，有 6 分，有 8 分……有更高級的需求。比如說：

4 分的需求，只要有一個人陪伴我，就是好的。

6 分的需求，他能陪伴我，能支持我，能幫助我實現我的夢想。

8 分的需求，靈魂深處，真正地接納、欣賞、相愛。

如果一個人，她從小被愛的需求，只滿足了 1 分，甚至是負分，你告訴她，別停在 4 分了，快來追求 8 分吧。

她一定會給你一個，不用你多管閒事的表情。

就好比，一個人在懸崖的這一邊，你站在懸崖的另一邊，你不斷疾呼，跳過來啊，這邊風景更好啊，可是她就是不敢跳。

那種對未知的恐懼，對放下舊有生活的恐懼，成了兩條路之間巨大的深淵。

沒有體驗過，沒有經歷過，很難從內心深處相信，這種愛會發生在自己身上。

另外，放下過去的生活，從某種程度上，是對自我的一種否定。曾經的經歷，塑造了今天的自己，曾經的經歷，是自己的一部分，即便再糟糕，也給了自己極大的存在感。

但是，創造全新、更好的生活，則需要巨大的勇氣，這也是一個人難以走出一段感情的原因。

當我的感情不好時，我該怎麼辦？

不管擁有的是什麼樣的感情，想要放手都需要極大的勇氣。那麼，如果我此時面對的就是一段不好的感情，我又離不開，我該怎麼辦呢？

1. 問你自己想要什麼

不斷追問自己想要什麼，能為你帶來巨大的勇氣。

這個原理很簡單，當一個人不斷追問自己想要什麼的時候，他就跟自己相遇了。當一個人與他自己相遇以後，就沒有了害怕失去關係的恐懼。

當一個人不再恐懼失去關係，他才可以在關係裡，做到愛自己。

2. 用成人的溝通方式，向對方表達你的意願

感情本身沒有好壞，標準就是，在這段感情裡面，你的需求是被壓抑了，還是被實現了。被壓抑了，就是失去了自我。

因而，如果你感覺，你現在就處在一段不好的關係中，你需要明確地把你的意願，用成年人的方式傳遞給對方。

前文中提到的番茄，在知道了在這段關係裡她壓抑了太多自己的感受和需求以後，她開始明確向男友表達自己的意願：

「我想要結婚，我想要的是，我們雙方都心甘情願去做這件事，而沒有被迫感。這就是我想要的，這就是我的底線。」

她的男友聽完以後，開始了新一輪的解釋，而番茄不斷重複這句話，用堅定的神情和語氣。最終，她的男友表示，他會認真考慮一下，自己是不是真的想要步入婚姻。

你需要做的，就是把你的意願和底線，用溫和堅定的方式傳遞給對方，就可以了。

對方收到以後，可能接受，也可能不接受，但你需要讓他看到，你的底線和需求是什麼。

需要注意的是，要用成人平等的方式，而非孩子氣的方式去表達：

正確示範：「我想要結婚，這是我們關係的底線。」（神情和語氣溫和而堅定）

錯誤示範：「我想要結婚，這是我們關係的底線。」（眼神很膽怯地看著對方，把自己變成了小孩，對方是大人）

錯誤示範：「我想要結婚，這是我們關係的底線。你好好考慮一下吧！」（最後一句傳遞出威脅）

所以，成人方式的溝通，需要注意兩點：

一是不帶有情緒，當你帶有憤怒、指責的情緒時，你就又回到了曾經受創的小孩的狀態，這個時候，你的語氣雖強勢，但是內心是虛弱的。

二是只需要傳遞你的需求和底線，至於對方是否接受，那是對方的選擇，尊重就好。

一段感情本身沒有好壞，你在這段感情裡面的自我狀態，是評價這段感情的唯一標準。

你需要關注的是在這段關係裡有沒有自我犧牲，有沒有要求對方犧牲。犧牲會造成不對等的關係，對維持一段持久、幸福的關係，有極大的破壞力。

真正好的關係，一定是合作平等的關係，這樣的關係，才能持久和幸福。

因為，只有關係裡的每一個個體都得到了幸福，才能成就一段關係的幸福。

懷二胎時老公家暴出軌，我該何去何從？

文／武秀文

給幸知：

我懷二胎時被老公家暴，便回娘家待了幾個月，他竟然瞞著我和別的女人在另外一個城市生活在一起。

我想生完孩子就離婚，可是兩個孩子該怎麼辦？我本來想都給他，等我賺了錢後再回來接孩子。

但我又怕孩子跟著繼母受罪，他又這麼不負責任。

於是為了孩子我繼續熬了三年，每天苦等著他回家，不停腦補他出軌的畫面。

三年來，我過得生不如死，甚至在憂鬱的邊緣徘徊。

老師，我該怎麼辦？

答：

家暴的傷痛，背叛的屈辱，你的內心惶恐可想而知，確實很難說算了就算了。身為女人和媽媽，我理解你的牽絆、糾結與不捨，也真的很心疼你，很想跟你做一個深入探討，希望能對你有所幫助。

首先，我真的不願意承認，社會發展到如今的情況，家暴（含冷暴力）和出軌仍然很普遍，從城市到鄉村，從普通人到明星。

有人悲觀地說過：「家暴只有零次跟無數次的區別。」

還有人說：「這只是自己家的家務事。打人的只是氣極了，一時激憤，女人也實在欠揍。」

這都是哪門子的道理！

家暴＋出軌，一個渣男的養成路線

必須要承認，在家庭關係中，所有好事壞事都是相輔相成的。兩個人爭吵，都有責任，誰都不無辜。

從你簡單的描述中，看得出來你們一直是兩地分居的狀態，首先一定是有夫妻親密關係的缺失。再者，你懷著身孕，被打了，為什麼當時沒有立刻處理這件事情，而是自己逃回了娘家，放任他去了別的城市，從而有機會去跟別的女人在一起？

在這件事情的處理中，我看到了你的自卑和軟弱。挨打了而不反抗，還要為他生第二個孩子，你帶著「家暴也是一家人」的心態在熬日子，等於給了他為所欲為的底氣，不是嗎？

要我說，出軌尚可以回歸家庭重建關係，但面對家暴，必須零容忍。

也許有人會反駁說居家過日子，難免會有失控的時候。

面對施暴者的第一次失控，如果受害者拿出決然的態度，拉響婚姻警報，告訴他不可以有第二次，否則就一拍兩散。如果對方沒有再犯第二次，我們就可以相信，這種家暴只是一次失誤。

如果對方並沒有收斂，那就直接可以鑑定為他的本性便是如此，此時趕緊結束這段關係才是最重要的。

但現實情況是，很多施暴者，打完妻子後毫不吝嗇他的內疚、悔恨。他痛哭流涕，下跪，為了得到原諒，還會寫切結書，承諾如果再犯就淨身出戶。

但是，穩定一段時間後，可能某種情況下他的情緒又再度崩潰，暴力行為再次出現。

家暴，並非施暴者「一時興起」，而是因為這些人本身就有心理問題，這是一種「癮」。

每天膽顫心驚，「打落牙齒肚裡吞」，仍然是很多被家暴女性的真實寫照。

逃避，是一個女人走向理性的最大障礙

可能對於家暴這件事，你已經「好了傷疤忘了痛」。

你住在娘家，懷著孩子，男人卻跟小三快活自在，是你最大的傷痛。但是，你有沒有考慮過這兩者之間的關係？這個男人，把你放在什麼樣的位置上？

從你的描述中看，你已經把自己逼到了兩難的境地。就像翹翹板的兩端，一頭是不敢離的婚，一頭是必須要忍的屈辱。

針對這種騎虎難下的狀態，給你哪個建議，你都決斷不了，因為，你看到的是個死局 —— 第一，有孩子；第二，經濟問題；第三，周遭的人都勸和不勸離。

其實，你沒有意識到一個事實，就是無論是離還是過下去，你都必須有一樣利器，就是你自己的成長與自覺。通俗點說，你得站起來。

你已經被現狀嚇住了。無辜的孩子、經濟的重擔、周圍人的眼光、不可預測的未來……

讓你放下，你沒這個魄力；你試圖挽留關係，但卻只想到了忍的方法。在你懷孕挨打之後，老公卻與第三者在一起，你還苦等了他三年，這不是太悲哀了嗎？為什麼你的世界裡，全是「忍」字當先？

當然，有很多女性，都卡在這種左右為難裡，不敢拚，也不敢退，跟你的做法如出一轍。

你對夫妻關係心存一絲僥倖，就會換來對方無休止的放縱。所以你看，你們的婚姻走到這個地步絕非偶然。導致你無路可走的，不是孩子，不是老公，是你的逃避與退縮。

所以，你要逃避到什麼時候才能站出來去真正解決你的婚姻問題？與其擔心孩子在繼母手裡被虐待，不如努力不要讓孩子落到繼母手裡，你是有權利爭取這一切的。

所以，看到自己思維邏輯後面躲著的逃避和不負責任了嗎？

及時止損是種大智慧

看到你的求助文之前，我剛好看到一個關於家暴的新聞——一女子錄影取證被家暴，男子對其進行毆打，孩子在旁邊淒厲地尖叫。

據說，女子被打斷 3 根肋骨，已經就醫，男人被依法刑事拘留。案件在進一步審理之時，女人只有一個訴求，就是：離婚。

非要到這麼慘烈，才想到要去挽回自尊，這是多少女性在婚姻裡釀造的悲劇啊。

身為一名心理工作者，我不能武斷地說施暴者就沒有被教化的可能，只能說，施暴者的家暴行為有他的心理成因。他們往往生長在一個打罵成性的家庭裡，結婚後，如果他們遇到一個忍讓退縮的妻子，那麼產生家暴行為就是對之前家庭暴力環境的模仿加強化，這是一個日積月累的結果。

家庭暴力行為的矯正，必須在專業的心理諮商師的指導下進行，經過很長時間和很大耐心才可能奏效。如果施暴者沒有治療的意願，這個難上加難的治癒就更不可能會發生。

有研究顯示，在家庭暴力環境中長大的孩子，很有可能會在他（她）今後的家庭中重演這種暴力行為。

很多在家暴環境下長大的女性，認為自己骨子裡是帶著「原罪」的，覺得嫁給對方就是他的人，對方怎麼說她怎麼做，而沒有關係平等的概念。這像一個魔咒，讓很多女性看不到自己的價值所在。

再來說出軌。

家和萬事興，是世間所有男男女女的渴望。

但是，人性是複雜的，現實社會裡有很多誘惑，如果你對老公的出軌一忍再忍，那麼這種三角關係就永遠無法杜絕。

你要知道，雖然你已經對這段婚姻完全失去掌控力，但深陷泥潭、掩面而泣，並不是你的最終命運，你還有一個出路就是：及時止損，成為勇敢的自己。

有人說，婚姻有三種境界，就是可心、可過、可忍，如果這三個境界你都做不到，就要毫不猶豫地選擇放手。

行文至此，不知道你自己心裡有答案了嗎？忍下去，還是衝出來，大膽去解決問題，需要你做個選擇。

最後跟你說幾句知心話，如果你選擇與老公談判，讓他放棄第三者回歸家庭，那麼再遇到老公家暴的情況時，你要及時求助社會機構的保護，留好證據報警，為自己留一份做女人的尊嚴，也還給孩子一個勇敢的媽媽。

婚姻中，女人必須熬過的一道檻

文／金玉

結婚 7 年後，這個男人越來越難相處

上週跟兩位閨密一起聚餐，大家聊的話題不約而同地從電視劇，到孩子，最後落到丈夫身上，都覺得自己還能跟對方過下去，真是憑著一口仙氣，否則早就被氣死了。

三個人越說越起勁，越說越覺得自己委屈，真後悔自己當年怎麼會看上這個一無是處的男人，我當時聽的同時也在頻頻點頭。

忽然，閨密蘭蘭話鋒一轉，她最近因為買家具的事情，跟老公發生了一次衝突，衝突的最後，老公不禁感嘆一句「其實你這個人也挺不好相處的」。

蘭蘭說：「當時聽到老公這樣說，我愣了一下，想想這句話，挺熟悉的，因為這是我常常跟他說的。」

蘭蘭常常抱怨老公脾氣急躁、大男人主義、沒有邊界、很容易自以為是、聽不進別人的建議……

如果這個清單繼續列下去，應該沒有終點，「罄竹難書」。

但那天老公跟她這樣說，還是讓她沉思了一下。

蘭蘭和她老公的婚姻即將邁入「七年之癢」階段。老公也從一開始認為她善解人意、溫和、愛笑，到逐漸了解了她的全貌：

衝突時喜歡冷戰、有時一意孤行、作息時間不規律、做事情沒有條理、很容易情緒失落、對金錢沒有理性的規劃、時間利用率低、在教育孩子上不夠有原則和理性、對外人比對老公更看重、經常出去參加各種培訓而忽略對家庭的照顧……

猜想這個清單讓老公來列，也同樣如滔滔江水一般，綿延不絕。

其中，他們常常把衝突的焦點聚焦在對金錢的態度上。蘭蘭對此有近乎苛刻的要求，禁止老公亂花錢，因為蘭蘭從小聽到和看到的都是，錢要節省用。

在重複多次嘮叨之後，現在老公買東西都有些緊張和擔心，不得不養成一個習慣，買什麼東西報備時總是把價格說得低一點再低一點。

蘭蘭笑著說：「似乎現在老公跟我越來越像，我硬生生改變了他原來不拘小節的氣質，想想也真是罪過。」

另外，因為蘭蘭在成長經歷中，是不被允許堂而皇之地表達和滿足自己的需求的。因為那會被母親指責，所以很多事情上她總是習慣壓抑自己。

當蘭蘭看到老公如此「明目張膽」地滿足自己吃的需求時，她非常難以接受，覺得不可思議。

他已經是大人了，還像孩子一樣，無拘無束地貪吃，蘭蘭會不停地指責他，譏諷他，並且阻止他。

老夫妻的相愛相殺

在這個過程中，老公覺得她不可理喻。

看著他的眼神，蘭蘭慢慢開始意識到，這是她自己的問題。

因為從小她的需求沒有被好好滿足過，所以她也看不得、不允許老公自由自在地滿足自己的需求。

但是現在藉著老公的堅持，蘭蘭也學會及時去滿足自己的「私慾」，比如，定期安排跟閨密的約會，把孩子交給老公，只是為了讓自己放鬆一下，她認為這樣的感覺真好。

還有一點，也是常常讓她老公覺得很無奈和委屈的地方，就是蘭蘭不允許老公午睡。

因為她小時候有一次跟小夥伴玩得正開心，卻被路過的媽媽狠狠地責罵：「你怎麼這麼過分，我每天累死累活的，你怎麼還有心思在這裡玩呢？」

蘭蘭感覺非常羞辱和內疚，灰溜溜地跑回家，從此，她不敢讓自己停下來，總是要找點事情做，否則就會很不安。

而她的老公一直有午睡的習慣，但有了孩子之後，看到他每天還是照例去午睡，蘭蘭就抑制不住心裡的怒氣，一定會去把老公吵醒，不許他睡覺。

每當這個時候，老公都感覺很煩躁和委屈，他提議讓蘭蘭先去休息一下，他來照顧孩子，等蘭蘭休息好，再來替換他，但蘭蘭仍然不願意。

有一次週末的下午，蘭蘭陪孩子玩，不知不覺睡著了，當她醒來時，發現自己躺在沙發上，身上蓋著一層毯子，家裡很安靜，一看時間，她已經睡了兩個多小時。

原來老公為了讓她好好休息，悄悄地帶著孩子出去玩了，這兩個多小時安靜的休息讓蘭蘭覺得非常感動，原來她是可以被允許休息和放鬆的，這就是她需要被滿足和重視的地方。

那一次的經歷，讓蘭蘭學會去滿足自己和老公的需求，不再總是那麼緊繃著神經。她漸漸學會放鬆自己，真正去照顧自己。

蘭蘭說，那一刻，她體會到老公之前多次對她抱怨時的心情，想想那時的自己是多麼不講理和霸道，也許老公也會有想扁她的感覺吧。

其實，他們在發生衝突時，老公同樣經常感到很抓狂，因為一旦他們發生衝突，蘭蘭就開始不說話，即使老公有再強烈的溝通欲望，也會像火山遇上冰山一樣，不得不偃旗息鼓。

老公常常無奈地說，吵架的時候，他覺得自己像一拳打在棉花上，什麼回應都沒有，他多麼希望，蘭蘭有什麼話能直接說出來，而不是如深淵一般的死寂。蘭蘭知道這招是自己最有力的反擊，她能體會到，在那個時刻，老公一定是很難受的。

幸好每次在這樣的時刻，老公都能用幽默的語言和搞笑的肢體動作暫停衝突，緩解即將更新的戰火，幫助雙方從你死我活的戰爭中停下來，有機會用理性來處理衝突。

原生家庭的傷，一起相互取暖

說到最後，蘭蘭長舒了一口氣。

她說，在她的成長經歷中曾經受過的傷，在進入親密關係後，逐漸都顯現出來。

老公陪著她一起打過去未完成的糊塗仗，真是難為他了，當然老公也同樣有很多讓蘭蘭難以接受，氣得牙癢癢的地方。

所以他們兩個都受過傷的人，在一起相互取暖，彼此支持和撫慰，也互相傷害，算是扯平了。

蘭蘭說，在過去的婚姻裡，她同樣有100次想掐死對方、50次想離婚的念頭閃過，但在即將邁入「七年之癢」的時候，他們都還願意繼續結伴過下去，這是非常感恩的事。

中年夫妻，婚姻經歷從原來經常卡頓的兩個齒輪，逐漸磨合為越來越可以順暢運轉的齒扣。

或許這個過程中很多稜角被磨平，但更多的是，彼此內心深處的很多傷痛被看見和了解，兩個生命之間的連線更緊密，帶著傷和痛，願意接受對方的影響，也越來越願意靠近和親近彼此，享受細水長流的溫情。

看著蘭蘭眉眼間的平和與恬靜，我們很為她高興，看著她與老公一路走來的起起伏伏，從原來衝突不斷，到現在順利跨越「七年之癢」，而且還正在孕育二胎寶寶，這真是鼓勵人心的好事。

美國「婚姻教皇」約翰戈特曼博士研究發現：即使是那些幸福快樂的夫妻，他們婚姻中依然有69%的衝突是無解的，但這並不影響他們的關係，因為他們可以與這些無解的難題和平共處。

隨著好幾對明星夫妻的離婚新聞發布，在網民們大呼越來越不相信愛情的時候，我們看到，關係是雙方合謀的結果，一段不幸的關係裡沒有無辜者。幸福的關係裡，雙方也都是願意成全彼此的人，都在用各自的方式影響著對方。

你是否也有這樣的感觸，感謝關係裡的對方：

感謝你努力包容我這個不太好相處的人，也希望你看到我在努力接納真實的你。

進入第二段婚姻，一定要避開哪些坑？

文／羅文娟

她32歲，外商公司高級駐館，忙於事業，一不小心就成了大齡剩女，嫁給帶著8歲女兒的他。

她來到諮商室的原因，是她發現——她們的婚姻裡，永遠有「第三者」。

比如，全家約好去看電影，到了半路，女兒吵著去公園，他二話不說就緊急轉彎，把車子開到了公園門口。

她可惜著那三張好不容易刷來的好位置的票，他卻用一句話讓她閉了嘴：「你都多大的人了，還和孩子爭！」

這樣的事一來二去得多了，矛盾就爆發出來了。

難怪諮商室裡她淚眼婆娑：「我以為再婚的他，會更珍惜我……老師，你說我是不是選擇錯了？」

在離婚率攀升的今天，再婚成為越來越普遍和常見的現象。

同時，相關數據顯示，再婚的離婚率比頭婚的離婚率來得要高，所以，套用股市的一句話：「再婚」有風險，入市須謹慎。

為了避免跳進再婚的坑，我們來探討一下，在再婚之前要考量哪些因素呢？

你們兩個的立場足夠堅定嗎？

「就像買二手屋，最怕的就是二手屋手續不齊！」這是我一個做房地產買賣的朋友對於再婚的比喻，我覺得非常恰當。

再婚的婚姻，最怕的就是雙方心裡的情感是不齊的：他是不是真的已經從前一次婚姻裡走出來了？雙方和前任是不是真的「雖然擁有過去，但一定不想、不願意擁有未來了」？

在此提供三種觀察角度，來判斷對方再婚的立場是否堅定：

1. 斷絕關係式離婚

這類離婚特別麻煩，別以為兩人斷絕關係、老死不相往來了，就代表他心裡完全沒這個人了。

男人再婚娶女人時，男人說：「從此你就是我的唯一，我和前妻已經老死不相往來了，你儘管放心！」

可是，女人發現，男人會突然間衝她發火，問他什麼原因，他卻不說。經過諮商她才發現，男人暴怒的地方，都是因為她做了和前妻相似的事：

比如，有一次女人晚上陪客戶吃飯，11 點還沒回家，也沒打電話，因為手機留在辦公室忘記帶走了。女人在男人的暴怒下，連解釋的機會都沒有，這導致他們的婚姻關係急轉直下。

從心理學的角度來看，這種斷絕關係、老死不相往來的離婚背後，往往隱藏著嚴重的關係創傷。

關係創傷的結果往往是這樣的：一是這些創傷會在以後的生活裡爆發，二是這些創傷很難主動地修復。

2. 剪不斷、理還亂式離婚

這種離婚中，有的人會有債務問題；有的雙方就探視孩子、撫養費、財產等事項持續打官司，牽扯不清；甚至還有人離婚不離家，離婚後還保持著性關係。

這類關係就代表著雙方有實質上的關係牽連，同時，也意味著雙方的立場沒辦法堅定。

女人嫁給再婚的男人後，發現他的前妻就像影子一樣飄在他們的婚姻裡。男人離婚後，半年後才搬離原家，他的衣服甚至還由前妻洗了很久。她甚至無意間還在社群上看到男人向前妻請教怎樣搞定自己。

她發現這些後，氣得半死。

即使她再怎麼暴跳如雷地告訴男人「不要做這種讓我難堪的事」，男人也像少了根筋一樣聽不懂為什麼這些會讓她難堪，甚至說：「為什麼你們不能和平共處？我和她現在也沒什麼，你也太小心眼了吧！」

最後，他們以離婚收尾。

3. 為了生活才再婚

這類再婚中很多人一開始進入婚姻就帶著得過且過的態度，或者是功利的態度。他們帶著「圖錢、圖勢、圖照顧」的狀態進入婚姻，使婚姻沒有建立在感情基礎之上。雙方也沒有辦法給足彼此情感上的「認定」。

當婚後發現自己的願望和圖謀無法實現時，他們就會產生不滿情緒，致使婚姻再次解體。

再婚的家庭很擁擠，你準備好了嗎？

文章開頭的女主角就覺得：「在他心裡，女兒真的比我重要。他們不但是血緣關係，而且我認識他的時候，他已經和女兒在這個世界上相處 8 年了。更何況，她還是孩子，是應該、必須、一定要被保護和珍惜的。」

當然，再婚分為多種，按照家庭擁擠程度排序，一般是這樣的：

1. 都是再婚，各自帶孩子組成婚姻的。
2. 都是再婚，一方帶孩子組成婚姻的。

3.　一方初婚，另一方帶孩子組成婚姻的。

4.　一方初婚，另一方不帶孩子組成婚姻的。

所以，在這個愛情不能當飯吃的年代，再婚之前你更要問問自己：面對擁擠的再婚池市場，你真的練好技能和心態，準備一腳踏入了嗎？

對方離婚的原因不可忽視

有一個特別令我震驚的再婚觀念——往事不可追，一切就讓它過去吧，雙方都不問對方的過去，彼此好好在一起就行。

從親密關係的角度來看，雙方真正的親密，並不是錦上添花式的「我們好好在一起」，而是「我知道你的痛苦和悲傷，而且我能接受和撫慰你的痛苦和悲傷」。

這樣，這個人才能成為你生命中的港灣和慰藉。這才是真正的親密。

所以，往事裡的傷痛，特別是上次離婚的原因，在親密關係中占據了很重要的位置。

比如，離婚的原因是家庭暴力或者賭博，你能不能接受你的丈夫有可能是個家暴男或賭鬼？

還有，假如前一次離婚是因為婆婆介入太多，換句話說，他其實是個媽寶男，你有信心比前妻更猛，能從他媽媽手裡搶下他嗎？

《孫子兵法》早就告訴過我們「知己知彼，百戰不殆」，這是婚前對雙方了解的重點，也有助於婚後雙方的磨合。

當然，這也可能是最微妙的點。微妙之處在於，對方不一定會直接說，即便說也不一定會是實話，尤其是像家暴男這種。這需要你自己去辨別。

他怎麼談論上段婚姻暗示了他是否合適再婚

如何判斷對方是否適合再婚，這裡給你一個妙招 —— 看對方怎麼談過去的婚姻，以什麼樣的角度談。

1. 怪罪型：都是前妻（夫）的錯

這一類是屬於高危險婚姻。常言道「一個巴掌拍不響」，關係一定是雙方共同作用的結果。

婚姻治療領域有一種 BOSS 級理論，EFT（Emotionally Focused Therapy，情緒取向治療）。這種理論認為，婚姻之所以出問題，是因為雙方在婚姻中營造了惡性循環，即雙方既是受害者，也是加害人。

所以，如果一方從婚姻中出來後，從來不覺得自己有錯處，從來都認為是對方的錯，這就代表著至少他／她的前一次婚姻的惡性循環沒有被看到，那麼他／她再婚後完全有可能走上老路。

2. 極力不談型：都過去了，都是傷心事，沒什麼好談的

這一類極力不談的，往往都是因為自己並沒有從傷痛中真正走出來，沒有真正地釋然。

而且，最要命的是對方迴避的態度，這會讓再婚的伴侶不知道如何照料他原來的傷痛。那麼，傷痛就可能在下一次婚姻裡成為戰火的源頭。

3. 情緒波動極大型：每次談，情緒都波動極大

很明顯他在告訴你，前一次婚姻的影響對他來說太深遠、太痛，療傷尚未完成。那麼，你的情感和付出，可能就成了他醫治前傷的金瘡藥，你願意嗎？

雖然再婚比初婚要考慮的因素更多，但是，如果注意了以上這些點，想找到一個已經完全結束上一段婚姻，經歷過風雨，得到人生智慧的伴侶，也是完全可能的！

與老公離婚後，她留給所有妻子一句忠告

文／郭友強

「我為他生兒育女，為他贍養老人，還照顧那個身體不好的小姑子，全心全意、任勞任怨地打理這個家，毫無保留地付出，為什麼他要這樣對我！」

小米一邊擦淚，一邊哭訴著委屈。

小米結婚 8 年了，聽她的描述，她可以說是為家庭傾盡所有，不但跟娘家要錢貼補老公的家庭，照顧老公家人方面更是親力親為。

可她的老公並不領情，不但出軌了一個比自己大十多歲的女人，還起草了離婚協議書，甩在小米面前，說了一句「我等你簽字」，就拿著幾件衣服離家出走了。

身為一名諮商師，我已經遇到過很多相似的案例了。

我發現，那些全心全意為了婚姻、為了家庭付出一切的女人，最後往往被男人傷害。

把心思都放在婚姻和家庭上的女人，到底做錯了什麼？

錯就錯在，她們把婚姻當成了鐵飯碗。

抱著婚姻是鐵飯碗的心態，去經營婚姻，經營感情，下場往往都不太樂觀。

把婚姻當鐵飯碗的女人是在找一個永遠的奶瓶。

不可否認，每個人在戀愛中，都容易退化到嬰兒心態，希望自己的另一半像一個完美的媽媽一樣，照顧自己、關愛自己，滿足自己的所有需求，自己在想什麼，即便不說，對方也能心領神會，還能給自己滿意的回應。

但現實中根本不存在這樣的「完美媽媽」，我們的嬰兒心態也會做一些妥協，只渴望被照料、被關注，只要對方給自己充足的安全感，就夠了。

之前有個來訪者形容自己的婚姻 —— 我希望我的婚姻像一個「永遠不會斷奶的奶瓶」。

這就意味著她希望另一半像一個永遠穩定的補給站，一直提供自己內在和生活的養分。

鐵飯碗的心態就是如此。

當你把另一半當作一個奶瓶的時候，其實就是在用對方心中的愛來滋養自己。可惜的是，對方並不是愛多得用不完的人。在很多時候，他也會需要被理解、被關注、被照顧，同樣需要你作為一個奶瓶去滋養他。

婚姻中的你抱著鐵飯碗的心態，而忽略對方和你相同的需求，一直處於索取的地位，也許你會有一段時間的滿足，但是對於對方來講，他的愛正在被逐漸掏空。

此時，對方的選擇就有兩個：

要麼留在婚姻中餓死；

要麼去外面找點吃的。

閨密心妍，結婚後就當起了全職太太，生活簡單而幸福。可是去年老公的公司意外破產，老公也由富二代變得負債累累，家裡的經濟條件一落千丈。

可即使這樣，心妍仍然不想出門上班，她「體貼」地跟老公說：沒事，沒錢了我就少花點。

老公暫時去一家公司上班，工作壓力很大，每天回家都很晚。閨密安全感比較低，每次都生氣，跟老公鬧，讓老公哄自己開心。

對於心妍來說，老公可真是一個不錯的奶瓶。

但老公最後卻受不了了。覺得妻子完全不體諒自己，只知道索取，慢慢地對妻子越來越冷淡，最終提出了離婚。

「鐵飯碗」婚姻是女人幸福的賭注

鐵飯碗心態有一個核心是弱者心態。當我們走入婚姻時，會覺得婚姻可以為自己餘生的所有幸福保駕護航，自己只要打理好婚姻就可以了。於是潛意識中就把自己放到了一個弱者的角色中。

強者靠自己的努力爭取幸福，弱者靠外界寄託幸福。

我的一個朋友木木，在原來的工作中，剛晉升主管職位兩個月就要離職。原因很簡單，她即將結婚了，要回家去做一個全職太太。

雖然很多朋友都很不捨，但也唯有送去祝福。

木木每天都在家裡忙前忙後，和朋友們的聯繫也逐漸少了。後來從另一個朋友的口中得知，木木的老公有些花心，結婚後仍天天勾三搭四。

木木知道老公出軌後，就只有兩個字：離婚！

沒想到，老公很爽快地同意了，馬上讓她簽離婚協議書。

木木這才傻眼了。

為了這段婚姻，她已經失去了很多 —— 自己的工作、自己的社交，主動退化了自己的很多能力。

她才發現，沒了工作，自己一個人沒辦法生活；沒有了老公和朋友，自己每天都很孤單。

所以，本來堅定離婚的木木，選擇挽回老公，求老公原諒。

相信婚姻、相信另一半沒有錯，可是為了婚姻，把自己獨立生活的能力退化掉，變成一個只能依靠對方，離開了對方就活不了的弱者，這就是讓自己失去了面對生活的能力和勇氣。

這就像在投資中，我們都知道的一句話：永遠不要把雞蛋都放在同一個籃子裡，尤其是，那個籃子還在別人手裡。風平浪靜還好，一旦有了衝突矛盾，對方手裡拿著你的所有雞蛋，你還有什麼主動權呢？

真實的婚姻永遠充滿風險和不確定性

有心理學家曾經把關係的發展分為五個階段，分別是浪漫期、權力爭奪期、整合期、承諾期和共同創造期。

大多數人的親密關係始於親密無間的浪漫期，相處幾年後，激情退去，會進入衝突矛盾逐漸增加的權力爭奪期。

權力爭奪期如果過渡得比較好，就會進入平靜的整合期、承諾期和共同創造期，後面很可能會重回浪漫期。但如果過渡得不好，後面等著自己的可就是充滿寒意的冷漠期或者徹底切斷關係的分離期了。

而大多數人的婚姻，是在美好、理想化的浪漫期開始的。

結婚時，我們都抱著美好的幻想，以為這就是全部的、永遠的、穩定不變的婚姻。

殊不知，人是會改變的，感情也是。

真正考驗兩個人感情的，往往在後面。

把婚姻當作鐵飯碗，相當於抱著把錢存進銀行的心態去投資了股票。或贏或輸，風險太大，難以預測。

擺脫鐵飯碗心態正面婚姻

怎麼避開鐵飯碗心態為婚姻帶來的陷阱呢？

1. 修練共情的能力

每個人都有對奶瓶的需求，奶瓶餵的是什麼？是理解和共情。

當我向對方索取的時候，我同時也給予對方，這樣彼此之間的愛才會循環流動起來，關係也會更加平等和穩固。

2. 發展自己的生活能力和社會支持系統

家庭中，你是什麼角色？你生活的快樂和幸福來源於哪裡？

如果你的答案是單一的，那麼你很可能失去了很多能力，不自覺地把雞蛋都放在了一個籃子裡。

這個時候你就需要積極地去做出改變，發展你的經濟能力，這樣既可以提高生活品質，也可以讓自己更有底氣。多和你的朋友聯繫，有心事和閨密們分享，讓自己擁有一片可以承載自己的大森林，而不是只盯著對方這一棵樹。

3. 用變化的眼光看待彼此和關係

當你不再固執、接受變化時，你才能發現，你們的愛情既可以是浪漫的，也可以是平淡溫馨的，既有吵吵鬧鬧，也有歡聲笑語。

這樣你們的關係才能更加經得起風雨。

改變錯誤的心態，修練幸福的能力，願你在婚姻中收穫幸福。

女強人的強大背後，隱藏著多少心酸

文／冰千里

01

新月是因為情感問題找到我的。

用社會標準來評價，新月是個不折不扣的「女強人」，她自己創辦的公司旗下有 500 多人，在當地是知名的女企業家，也是幾個協會的合夥創始人，無論是收入還是地位都屬於上流階層。

她身材嬌小，目光銳利，衣著和談吐中透露著某種驕傲，用她自己的話來說：「我對自己要求很高，工作從來就沒有闖不過去的困境。可是，」她的眼神一下子黯淡了不少，「我的感情道路卻一路泥濘，一直不順。」

已過不惑之年的新月離婚已 5 年，獨自帶著上高中的女兒。這 5 年間，她談過 4 段戀情，每次都以對方離開告終。「我不知道是否還能繼續，我現在覺得沒必要非得找個男人。」每談到感情，新月的眼神總是望著窗外，沉默許久。

在她諮商的過程中，我有種感受越來越明顯，那就是新月並不需要我，她每次談話都有自己的思路，對困惑也有著自己的分析，她學心理學已經 7 年，還拿到了博士學位。

每次我只能等她問我「你是怎麼看的」的時候才可以說話，但我表達看法後，新月總會反駁，理由充分又合理，繼而提出自己的觀點，分析得頭頭是道。

我覺察到自己正在漸漸失去耐心，在她面前，我竟有些慚愧。她每次堅持諮商，開始、過程、結束都是自己掌控，就算遲到也會有很好的剖析，而那些話正是我想說的。我感到自己除了坐在那裡，沒什麼作用。

有天臨近結束，我問了她一個問題：「那些男人，她們離開你的真正原因是什麼？」

她瞪大眼睛看著我，半晌說：「就知道你會問這個，」接著拋下一句話，「和你差不多吧。」繼而轉身離開。

我們心知肚明，在新月感情經歷中的男士，感受的確和我一樣：覺得她遙遠、強勢、獨立，自己在她面前很弱小，存在感很低。

即便我是專業人員，也會被她這樣的強大氣場所壓制，何況她那些前男友呢。若在我的所有女性來訪者中劃分類別，那麼看起來「堅強、獨立、優秀」的女人占據著相當高的比重。

她們容貌姣好、事業有成、聰明能幹、學歷高，誰也不會想到在她們堅強的背後，隱藏了多少辛酸，掩蓋了多少脆弱。

現實中像新月這樣的女性大有人在，她們最大的特點就是堅強獨立，在關係中或強勢或疏遠，不會輕易袒露真實情感。

這樣的個性導致對方不能真正了解她們，並且會認為她們自私、高冷、迴避，時間久了就會產生誤會，導致矛盾和衝突不斷。

02

事實上，大多外表堅強獨立的「女強人」，內心都是缺乏安全感的。

我們總說安全感，可安全感究竟是什麼呢？從普遍心理學角度而言，安全感至少包含了兩個基本因素：確定感和可控性。

「確定感」指的是內心的篤定、踏實、明確。

你覺得孩子或愛人喜歡你嗎？你的內心十分篤定：是的，他一定是愛我的！我不需要各種懷疑和自我反思。

你覺得自己能處理好和同事的關係嗎？你同樣也十分確定。

「可控性」指的是對危險、未知、環境、關係的掌控度。

你認為你能完成這個任務嗎？你很有把握，知道一切都在自己的預想之中，沒有問題。

面對愛人出軌，你能做出正確的選擇嗎？儘管你很傷心、憤怒、委屈，但你總會綜合各種因素，做出對你最有幫助的決策。

這就說明你的可控指數很高。可控性越高，人就越不易焦慮。

確定感和可控性是自信的前提條件，這兩個指標越高，說明這個人的安全感越高，反之亦然。

安全感與外界無關，和內心相連。

當一個人有充足的安全感時，即使面對糟糕的關係環境，他依然可以擺脫困境，找回自我。而當一個人安全感不足，就算環境和關係是穩定的，其內心卻也是驚濤駭浪、惴惴不安。

03

「女強人」之所以把工作看得如此重要，是因為在關係中沒法安心指望別人。

安全感雖然和外界無關，但最初的建立卻是由外部養育環境和養育者的人格來決定的。

堅強獨立的女性，往往有著「指望不上」或者「過度承擔」的早年經歷。

一個孩子在面對危險時首先不是自己承擔，而是向母親發出訊號，當這種訊號屢次被拒，他才由悲傷轉向絕望，才不得不一個人面對危險，變得乖巧、獨立、懂事、勇敢。

更有甚者，媽媽（泛指一切養育者）不但不能給予孩子照料，還比孩子更需要照料，要麼臥病在床，要麼心理脆弱，此時，孩子不但要面對危險，還要照料媽媽的情緒，這就是過度承擔。

而此時若強化了這個「承擔」，堅強獨立就會成為這個孩子人格的一部分。所謂的強化就是，當孩子獨自面對危險、照顧媽媽時，他屢次被褒獎、被讚美，比如你真懂事、你好乖，你這麼勇敢媽媽好愛你，你如此堅強全家都喜歡你，諸如此類。

為了「迎合」、為了得到更多的「愛和褒獎」，孩子會慢慢忘記悲傷、委屈、失望，取而代之的是堅強勇敢的「假自我」。

「假自我」是著名心理學家溫尼科特提出的重要概念，指的是「被修飾過的自我」。

這個「假自我」的重要功能就是象徵性地承擔了母親「照顧」的功能，它能夠讓孩子適應環境，隱藏「真自我」。因為真實的自我是不被接受的。

對於一個指望不上父母的、避開真實恐懼的孩子來說，「堅強獨立」就是最好的「假自我」。

就像我的來訪者新月，她是家裡的老大，還有一個弟弟、一個妹妹，父親常年在外工作，媽媽身體不好，打針吃藥躺在床上是生活常態，有幾年媽媽得了嚴重的憂鬱症，常年走不出家門。

新月從二年級開始就承擔起了「父母的職責」，照顧媽媽和弟弟妹妹，更是他人眼中「別人家的孩子」，學習從來都是第一名，用她自己的話說：「那是我逃離家庭唯一的途徑。」

常年照料家庭讓新月變得越發隱忍，從不顯露自己的情緒，「我們家後面有個小湖，我實在受不了時，就會去那裡大哭一場」，說完新月去了洗手間。

我靜靜坐在沙發上，陣陣心酸，新月出來後眼睛紅腫，那是這個堅強的女人為數不多的一次落淚，而且還是在我看不見的地方。

小時候，幾乎所有認識新月的鄰居、親戚、老師都誇她特別懂事、特別堅強，「有你們家的大女兒真是你們的福分啊」，每當人們這樣說，媽媽總一邊摸著新月的頭一邊露出自豪的笑容。

「我特別討厭我媽那個樣子！」新月幽幽說道。

04

堅強、勇敢、獨立自古以來就是人們歌頌的品格，這是被社會所認可的。

網際網路的發展極大加快了生活節奏，讓親密關係變得膚淺。人們相互之間的交往越來越趨向表面化，把「看起來還不錯」誤以為是真的幸福。

新月這樣的女強人，很多人只是看到她們的優越，卻少有人看到其內在脆弱的「真自我」。

而她們獨立的性格又強化了別人對她們的認知，這也是女強人很難找到可依靠之人的原因，很少有男性願意和比自己有能力的女強人交往。

內在缺乏安全感，讓她們很難去信任一個人。

因為靠近就意味著敞開自己，就很容易暴露隱藏的「真自我」，而真實的自我是柔軟的、脆弱的、敏感的。

在她們看來暴露本身就意味著傷害，她們在早年已品嘗過無數次這種滋味了，因此沒有十足把握，不會冒如此大的風險。

對女強人來說，「依賴別人」是可恥的。

因為她們曾在想去依賴父母、依賴愛人的時候被傷害過，所謂的傷害就是被漠視、打壓，甚至取笑，他人不但指望不上，更讓自己多了一分羞恥感。

而唯一可以增強自己安全感的方法，就是指望自己；指望自己的最佳途徑，就是增加安全的籌碼。

增加這樣的籌碼最有效的方式就是經濟獨立，賺更多的錢，獲取更高的地位，取得更高的學歷，趕超男性，如此她們才覺得安全。

學歷和金錢沒有情感，它們不會傷害自己；相反，它們會讓自己獲得更多關注和認可。這就是確認感和掌控力，這就是安全。

05

矛盾的是，她們內心是渴望被溫柔對待、渴望被愛的。

溫尼科特曾說過，人只有真正擁有過某樣東西，才能放下它。

人只有真正得到過愛，才能放下對愛的執念，否則就會逃避。

對從小沒有被充分愛過的女強人而言，她們是對愛充滿渴望的小女孩。

所以在對新月後面的諮詢中，我一直保持開放的心態，允許她表達所有愛恨情仇，允許她對我的駁斥和強勢，接納她內心一直壓抑的委屈和憤怒。

我知道，只有讓她重新當一回孩子，讓她慢慢體驗不需要承擔我任何情緒，也不用為我的任何感受負什麼責任的感覺，讓她內心壓抑的小女孩浮出水面，我們才能產生真正的關係，而不是強大的功能性關係。

所以，假如你是這樣的人，你首先要意識到：獨立是對自己的保護。

它就像你內在的母親，給予你現實中父母沒辦法給予的照料，要感恩這些年的堅強，正是因為這個替代的「母親」，才能讓你不斷獲得安全感。

其次更要看到內在自我的辛酸。

許多心理學課程讓我們擁抱自己「內在的小孩」是有道理的，因為「她」才是你真正需要照顧的對象，需要被看到和關注的真實。

你可能在歲月打拚中習慣了一個人扛，也習慣不去依賴任何人，假裝自己沒問題，還習慣了照顧別人的情緒，習慣了努力與優秀，並為此消耗能量。

但你需要在內耗時停下來審視自己，在痛苦時可以允許什麼都不做。記住，是否被愛和是否優秀無關，要接納自己的普通，關心自己的情緒。

更重要的，要勇於去依賴一個人、一段關係。

真正的強大恰恰是學會了依賴，關係裡的傷害最終要在關係中被滋養，這和堅強獨立並不衝突。

可以這樣說，有能力依賴別人，才是真正意義上的獨立。

婚姻中的經濟矛盾：「錢不歸我管，就離婚！」

文／于琦

「于老師，我好糾結要不要離這個婚，我老公是做 IT 的，每個月收入幾萬塊。我在家帶孩子快兩年了，從一結婚我就要他的薪資單，說了好多次，他都不給。

「我說那好，起碼你要給我密碼吧，讓我登入網銀，看看你的錢都花在哪。但每次提這件事我們都會吵起來。于老師，你說我的要求過分了嗎？我要不要離婚呢？」

「你老公給你基本生活費嗎？夠花嗎？」我問她。

「呀，我和孩子的生活費都是他出，倒是夠花，可是剩下的他就自己留著了。」

「你希望他上交所有的薪資，對嗎？」

「對呀，我爸就一直把工薪水上交給我媽，我老公為什麼不交？我可以每個月給他零用錢。不都說，男人有錢就變壞嗎？萬一他拿著錢給別的女人花了，我怎麼辦？要是日子需要這麼算計來算計去，那我還結婚幹嘛？」

其實，我心裡想 —— 眼下這兩個人的確沒鬧到離婚的地步，但如果女方再這樣緊逼，以後就難說了。

有很多女人因為婚姻中夫妻雙方的經濟矛盾處理不好而找我諮詢離婚問題，多數情節都是這樣的：女方想管錢，男方不願意被管。

可見錢是夫妻間的大事。關於要不要全部沒收男方的薪資，身為一個離婚律師，我有自己的看法。

01

安全感應該從自己的錢上找，不該從別人的錢上找。

上交薪資單，要男方心甘情願才行，不能因為「我爸都把錢交給我媽」，你就讓老公也照辦。在我們父母那個年代，一般收入都不高，要夫妻齊心合力才能撐起一個家；但我們這個時代，如果男人給足了生活費，剩下的錢還硬要被沒收，夫妻雙方就會鬧矛盾。

很多女人口口聲聲說，我不是物質，只是需要拿著錢才能有安全感，那男人就不需要嗎？憑什麼用別人的錢給自己安全感？

比如，有不少未過門或剛結婚的女孩，非逼著男方在房屋權狀上加上自己的名字（男人自願加名的，我們在此不討論），嘴上說是為了「我媽心裡放心」、為了「以後過日子踏實」、為了「以防萬一離婚，到時候我不至於一無所有」，但實際上還是自己想要半套房。

我有個同學，三十出頭時透過多次相親，總算嫁了個不錯的男人，男人在大城市還有一套房產。我見過這個男人，看上去挺踏實的，我們都很為她高興。

婚後第一年，我同學就動不動跟我訴苦，說她想讓男人在房屋權狀上加上她的名字，但是男人不同意，問我怎麼辦？

我心裡想，那畢竟是人家父母辛辛苦苦奮鬥大半輩子所買的房子。如果你們能白頭偕老，你就有權利一直住在這間房子裡，人家不樂意加名，你就別鬧了吧。

如果她為家裡做出了重大貢獻，例如婚後收入非常多，或者生兒育女，照顧家庭，和他過了很多很多年，這樣她提出在房屋權狀上加自己的名字也理直氣壯。

可是他們才剛剛結婚，沒有孩子，她賺得也不多，那男人憑什麼敢相信，她能跟自己白頭偕老呢？

後來，男人提出離婚，我是擔任我同學的律師向男人打了電話，想著盡量幫她多爭取點利益。

不過，在溝通過程中，男人跟我說，他提出離婚，跟女方不斷要求在房屋權狀上加自己的名字有很大關係。

我這位同學，是聰明反被聰明誤，本來想給自己一個金錢保障，結果錢沒要到，還把人弄丟了。

站在男性角度看這個問題，如今的房子價值都很昂貴，尤其是大城市的房子。而且現在離婚率又很高，一旦離婚，雙方就金錢的問題上就會產生更多的糾紛，換作哪個男人，也都要猶豫的。

所以身為女人，別因為擔心離婚，就要男方提前兌現「違約金」，這就好比，剛剛和別人合夥開公司，自己還沒有付出任何勞動，就要先分對方一半股權，換哪個合作者心裡都會不舒服的。

當你結婚多年，也同樣為這個家做出貢獻後，比如養兒育女、辛苦工作、買房出錢，再要求房屋權狀上加名，就合情合理了，這樣男方和婆婆那裡也覺得放心。

02

如果缺乏安全感，就努力賺錢提升安全感。

我做離婚律師這麼多年，聽到提出類似要求的都是女方收入不如男方的，卻很少聽說女企業家、女強人也要求老公上交薪資單的。

所謂沒有安全感，多數是因為女方自己缺錢。

比如，我多年前曾和前男友合夥買房，房屋權狀上寫了前男友的名字，當時我也要求前男友簽協議書，因為那時買房的錢對我來講，真的很多。

而且我也希望結婚後，前男友把薪資都交給我，說到底，不過是因為我當時自己賺得少。

但我和現在的老公結婚後，因為我的收入增加了，對男方的期待就降低了。

婚後，我用自己賺的錢買了好幾套外地房產，老公只是幫了一點小忙，但我都沒有要求老公簽什麼協議書，為什麼？因為這些錢對我來講沒那麼多了，就算離婚時虧了，我也有能力再賺。

而且，我再也沒有把男方薪資單沒收的想法了，老公只要交夠了生活費，其餘的都在他自己手裡。當然了，我還會讓他和我一起做投資。

其實，我們也是經歷了一個磨合的過程：

記得剛結婚時，婚禮上收到的所有紅包錢，都放在我這裡了，結果我炒股賠光了，不敢告訴他。

另外，他給我的生活費，我也沒記過帳，家裡財務情況一團糟。

老公有一次問我紅包錢去哪裡了，我說炒股賠了，他雖然沒埋怨我一句，但從此就不敢把錢交給我了。後來我不碰股票了，在家務支出上，我也學精了，一筆一筆記帳，給他看生活費都花到了哪裡，看了兩個月，他就懶得看了。

直到他發現我投資的房產賺錢了，才開始恢復對我的信任，重新將大部分積蓄都交給我一起投資在房子上，我們還商量好一起存錢買下一套房。

所以，如果女方沒有任何理財能力，甚至還亂花錢，就怨不得男方不信任你。當你學著使錢增值，他才會心甘情願地把錢上交。

因此，提高家庭整體經濟水準才是最重要的。

有眼光的女人，不會只想著在自家的蛋糕中怎麼多切一塊，更應該想著怎麼把家庭的蛋糕做大，這樣自己的財富不就自然增多了嗎？

03

不控制是一種智慧，「責任制」最好。

交足家裡的，留夠孩子的，剩下全是自己的。

當男人為家庭留足了生活費後，他自己愛幹什麼是他的事，別老想著控制他的一切。

人性就是這樣，哪裡有壓迫哪裡就有反抗，靠「管」是不可能有效的，反而容易滋生抵抗情緒。

很多男人在離婚官司裡告訴我，因為他們的太太控制得很嚴，所以他們千方百計地存起自己的私房錢。

當男人缺了自由支配的錢，一來會想辦法自己存錢，二來會對媳婦心生怨氣，這些都是對感情扣分的。

另外，榨乾老公的最後一滴血汗，他怎麼會有動力去繼續賺錢？

既然多勞也不能多得，何必要那麼努力呢？

「責任制」之所以好，是因為多勞多得有動力，留夠集體的，剩下的都是自己的。

在家庭中，當男人的收入提高後，只要多交給家庭一些，剩下的他自己支配，這樣他才願意繼續賺錢啊。

何況，他自由支配的錢，也決定了他能自由支配自己的小祕密。

比如為他的父母買點東西、和親朋好友聚個會、私下借給兄弟一點，這本來都是他的私事，妻子不必干涉，如果事事需要請示妻子，雙方難免要吵架。

夫妻之間，是要留點空間和隱私的，這才是對人性的基本尊重。

金錢關係，是夫妻關係中的重要一環，若要巧妙處理的確需要智慧。

不要動不動就拿錢考驗愛情——「你不交薪資單就不愛我，你不寫上我的名字就是有二心」。婚姻還有很長的路要走，何必太計較一時的得失。

因為，跟金錢比起來，感情才是無價的。

我的再婚經歷，希望可以給迷茫中的你一點啟示

文／端木婉清

最近有很多朋友留言，提到再婚的問題。她們大都有過一段不愉快的婚姻，曾經流乾了眼淚，傷透了心。而今面對再婚問題，她們又感到前所未有的迷茫。

害怕經濟糾葛，害怕繼子女相處問題，更害怕二度陷入婚姻矛盾和傷害。今天，我把一個再婚媽媽的故事分享給大家，希望可以給迷茫中的朋友一點啟示。

我是顧蓉，今年 34 歲，一個 7 歲男孩和 3 歲女孩的媽媽，是一個再婚女人，兒子是和前夫所生，女兒是和現任丈夫的結晶，結婚4年，四口之家，迄今為止過得很幸福安定。

我曾經有過一段不幸的婚姻，這曾讓我失去活下去的力量，差一點淪為墮落之人。前夫是我的中學同學，當時我們因為抄借一本數學書互生情愫，在那十五六歲情竇初開的年紀裡，彼此試探心中的祕密。

礙於當地的傳統，又加上學業艱辛，我們只是將這種心情轉化為深厚的友誼。高三複讀那年，我們再次相遇，飛蛾

撲火一般陷入愛情。

之所以說這些，是想告訴大家，我們曾經相愛過，我們是彼此的初戀，我們曾經毫無保留地付出，我們曾經不顧阻力地為愛瘋狂。在大學畢業後的第一年，我們登記結婚，舉辦婚禮，之後兒子出生。我們也曾歲月靜好。

可是，好景不長，有一天我在他的手機裡發現了一個陌生女人的信息，她口口聲聲說著「我想你」，甚至稱呼他為親愛的。那一瞬間，我五雷轟頂，淚如雨下。

我們曾深愛，但那一刻我卻發現一切都有點諷刺。那一晚，我把孩子安放在父母的住處，然後一個人躲在家裡，抽了他放在桌上的香菸，喝掉了半瓶紅酒，想要麻醉自己並忘掉那條出賣了他的訊息。

可是怎麼也揮之不去。我在接下來的日子裡瘋了一般找他的碴，但始終沒有勇氣當場質問他「出軌」兩字。

我後來加了那個女人的社群帳號，問她和我前夫什麼時候開始的。一開始她一臉茫然不知所云的樣子，後來卻乾脆傳了我前夫和她在一起的照片給我，大方宣戰。她說：「你老公愛的是我，他不愛你，我知道你們曾經怎樣，可是現在的你像個煮婦！」

面對別人的挑釁，面對闖入我幸福生活的破壞者，我竟然無力以對，因為那幾年我活得沒有自己。想起我才 3 歲的兒子，想起過往 10 年的感情，我心如死灰地問他自己的意見。

他承認了這段婚外情，也說了對那個女人的愛，既然如此，我沒有辦法說服自己忍受這一切。我提出了離婚，他欣然同意。

兒子歸我，一套房產過戶到我的名下，剩餘貸款也由我個人承擔。一輛車子和 50 萬元現金給了他。他一年提供一次撫養費。

這是一段慘痛的經歷，那期間我極度憂鬱，整夜睡不著，服過安眠藥，也想過不負責任地結束生命。後來是兒子，他用稚嫩的「媽媽我愛你」喚醒了我。他的呼喚，讓我意識到他還那麼小，需要我的照顧。

我逐漸明白，人這一輩子，尤其是女人，儘管愛和婚姻很重要，但不一定是全部。我還有父母、孩子、事業和無數愛我的人。只是因為深愛，才傷得徹底！所以，我用了兩年時間從那場陰影裡走出來。

當時，有很多人勸我把監護權讓給前夫，但是身為媽媽，懷胎十月，兒子是我自己身上掉下的肉，那是我的命，我不能放棄。所以，我選擇了自己獨自撫養兒子。

她們都說：你這樣找不到第二段婚姻，也很難遇見合適的人。

我想，這也是很多不幸婚姻中的姐妹忍受煎熬也要走下去的原因。沒有孩子的人會說，離婚沒什麼了不起，但是真正經歷過的人才懂得那份牽腸掛肚的疼痛，有的時候真的不是為了自己，而是為了自己的所謂的責任。

說實話，離婚的時候，我壓根就沒有想過要再婚，也怕再婚會對孩子造成二次傷害，害怕重複劫難。

但是遇見我現在的丈夫阿良以後，我改變了之前的顧慮，再婚沒有想像中那麼艱難，它同樣是一場需要智勇雙全的經營。經營不好，什麼樣的婚姻都是墳墓，經營得好，再婚也能歲月靜好。

說實話，再婚是需要勇氣的，要面臨和承擔的問題更多，責任更複雜。尤其是在經濟、孩子、家庭矛盾問題上的處理更是需要巧花心思和付出。

我和現任阿良處理得很好，我也願意把經驗分享給大家參考。

一、情感問題

在第二段婚姻中結合的夫妻，大都已到中年，就如我和阿良，都是有過婚姻經歷的人，彼此在心智上也趨於成熟，早過了耳聽愛情的年齡，在前一段婚姻裡也消磨過很多元氣。

所以相遇時，我們更多的是追求合適，聊得來，因為我們明白聊得來太重要，也明白轟轟烈烈的愛情不一定天長地久，學會細水長流的陪伴才是真諦。

所以情感上，我和阿良都比較隨性隨心，不會刻意追求第一次婚姻中非濃愛不可的境地，也不提往事，保持了默契，不挖對方的前塵往事，做到「如今明月照君心，君心亦我心」即可。

二、經濟問題

丈夫阿良離婚時，全款已經付清，她和前妻因為兩地分居而積怨，最後感情破裂。房子歸阿良，因為是他婚前全款所購。他從父母那裡拿出 250 萬元現金給了前妻，也把這些年的存款留給了前妻和女兒，並每月提供撫養費。

和我在一起的時候，他就只有一套房子且和我無關。所以我們在經濟上做了一些規劃，也是商量進行的。我的房子出租，房租支付剩餘房貸，不給新家庭增加經濟壓力，戶名依然在我名下，申明將來留給兒子。而他的房子也依然在他名下，作為婚後我和他的居所。沒有其他瓜葛。

我們兩個都是上班族，他做網際網路電商營運，薪水相對高一些，而我則在一家外貿公司做樣品陳列，也相對經濟獨立。

就我個人經驗而言，婚姻中，無論夫妻感情多好，最好是雙方都在一個頻道上，切不可因為一句「我養你」而再次失去支點，當然條件特殊、感情特殊的除外。

好的婚姻中，做到夫妻同心養育孩子、經營家庭，十分重要。要能把分割得清的經濟問題在婚前處理乾淨，如果需要婚後共同承擔的也事先開誠布公地交代，不得做欺瞞。誠信是最重要的品格，直接決定你二次婚姻的穩定性。

三、繼子關係處理

我有一個兒子，而他的女兒給了前妻。從組合上看，我沒有承擔一個繼母的角色，是阿良接納了我的孩子。

婚姻中，我們也最怕有孩子問題的牽絆，很多導致再婚失敗的家庭也大都是因為這層關係。所以這四年，阿良在孩子的處理上盡到了一個繼父的責任，給予了兒子朋友般的友情。

也就是他從一開始就沒有按照父親的身分去和兒子相處，而是作為朋友的身分，這不是說說那麼簡單，他付出了很大的努力，才使得兒子和他相處融洽。而我身為媽媽，在孩子的教育上也給了他盡可能的引導，並接受阿良對他的教育。絕對不要不捨得兒子被說，不捨得被訓。

子不教，父之過，首先我認定了阿良現在是他的父親。

一個父親教育孩子不為過。

繼父也好繼母也罷，我們本意上都十分願意接納孩子，給予孩子最好的關愛，生怕做得不好落人話柄。但是也最怕夫妻中原有一方的干涉和特別敏感的維護。所以想要婚姻關係穩定，在孩子的教養觀念上夫妻必須一致，也要懂得退讓包容以及用心。

有事一定要商量，把對方的孩子視如己出，也要承認不是己出。不過分強求，不過分以長輩的姿態說教。

對於阿良歸於前妻的孩子，我同樣做到關懷，適時給予撫養費，甚至在週末約見的時光中盡可能保留他們獨處，關係融洽時再進行家庭互動。

我和阿良再婚後生了一個女兒，也沒有太溺愛，所有養育方式公平公正，沒有讓兒子感到不愉快，也沒有讓女兒有被疏忽的感受。

阿良依然是兒子最好的夥伴，有時候我有些感動，這點是我沒有想到的融洽。

四、再婚後感情矛盾處理

是夫妻就會吵架，是婚姻就會有磨合，尤其是像我們這樣都有過婚姻又重組的家庭，其實也會存在一些矛盾。尤其是在前夫前妻的問題上，我之前也覺得有段時間他們頻繁接觸商談孩子上學問題時過於親密，這讓我有些不愉快。

但是後來我明白，雖然他們離婚了，但是仍然有一些情感，就像我恨過前夫，但是在孩子的問題上我們也做不到老死不相往來。只是情不在了而已。所以雙方必須忘卻嫉妒之心，要理性相處。

再者，每一個人都有自己的個性脾氣，兩個人發生矛盾時，首先不要詆毀對方，尤其忌諱說我眼睛瞎了才會看上你這一類話語。

還有就是好好投資自己，做更好的人。透過第一次婚姻，我意識到了自己原有的不足之處，在第二段婚姻中力求越來越成熟懂事。

從前我翻前夫的手機，現在丈夫的手機放在我旁邊我也不要看了，因為他要出軌，我是看不住的，他不出軌，我什麼都不介意就是對他的信任。所以相互體諒、相互探討、相互理解成了再婚的特點。

我和阿良之間就選擇了這種方式，真誠、理解、溝通！

婚姻是神聖的，好的婚姻是人間，壞的婚姻是地獄，我們都不想下地獄，就得拿出誠意來經營。無論是因為愛情，還是因為合適選擇在一起，我們的宗旨就是要「幸福」。要牢記它不是「1+1=2」的過程，而是「0.5+0.5」的組合，是兩個人各自去掉中間的稜角，融合在一起，是互相成就、欣賞和支持。

幸福從來不是輕易得來的，它可能需要不斷地淬鍊才能修成，也難免會經歷流年的考驗。兩個人相處中不要做攀緣的凌霄花，要像兩棵樹，站立相依偎，根系扎在地下，枝葉纏繞在一起。共風雨，共陽光。

最後我想說：我們都想愛一個人就天長地久，我們都想結一次婚就人生白頭。一定要好好珍惜擁有著的日子和幸福，珍惜身邊人。不要輕易說愛，也不要輕易說散。真的沒有辦法，就要學會及時止損。相信自己，終有一個人是你的信徒。

再婚女人訪談實錄：離婚後我還能嫁給好男人嗎？

文／茗荷

一向崇尚「家和萬事興」的華人，或許在婚姻方面正在進入一個新時代。

來自各機構數據都顯示，近年來結婚率一路走低，離婚率正連續多年增長。

值得注意的是，法律數據顯示：近年來離婚案中，約七成是由女性提出。也就是說，以訴訟方式離婚的夫妻，女性是主導方。

一般來說，能主動從婚姻關係當中解脫出來，應當是因為無法忍受前一段婚姻帶給自己的各種痛苦。那麼離婚後，這些女性過得如何，又有哪些話想跟大家說呢？

我們試著採訪了幾位有離婚經歷的女性，她們中間有普通人，也有特立獨行的人，也許從她們的故事當中，你能讀出什麼。

01

May，37 歲，外商公司職員

May 的前夫和 May 是透過朋友介紹認識的，當時 May 在情感方面沒有太多經歷，前夫很會哄女人，戀愛的時候很暖，兩人就順理成章結婚了。

結婚後，May 很快生了個兒子，就在坐月子期間，她發現前夫經常去夜店；除此之外，她還發現他欠下賭債，甚至到了瀕臨破產的地步。

由於情緒不佳，生完孩子之後，她陷入產後憂鬱，身體也變得很差，生活看不到希望。

多次爭吵之後，她提出了離婚。雖然她也想爭奪孩子的監護權，但是苦於自己沒有人幫忙，前夫家庭又看重孩子是個兒子，她只好自己離開了那個曾經的家。

「這是我心底永遠的一個痛，每次想到就覺得好心痛。」她說這句話的時候望著遠方，我知道她指的是孩子。

離婚後，她認真努力工作，並且藉由中醫調理身體，身體漸漸康復了，人也變得有力量了。

去年經由別人介紹，她跟現在的老公認識了。對方有短暫的婚姻，沒有孩子。

「我當時覺得，他和我的很多價值觀都很合，在那麼多相親的人當中顯得很難得。」戀愛半年，May 忽然發現自己懷孕了，就開始打理結婚的事情。

可是沒有想到的是，丈夫雖然不錯，很貼心，但卻有一個十分難纏的婆婆。

因為聘禮的事情，雙方吵得不可開交。勉強結婚之後，因為跟婆婆理念不同，她們在帶孩子的事情上產生了不可調和的矛盾，婆婆還對她大打出手，她只好報警。

她已經幾個月沒見到孩子了。

她從別人那裡加了丈夫前妻的社群帳號。這個時候她才發現，原來對方的那一次婚姻，就是因為婆婆過於干涉而離婚。

「如果再給我一次選擇機會，我還是會離婚，生活再難，也是自己的。」

02

歡歡，38 歲，自由業

歡歡的故事，很奇幻，但對不起，是真的。

歡歡跟前夫育有一個兒子和兩個女兒，她在很長一段時間裡都過著夫唱婦隨的生活。前夫負責賺錢，她負責照顧孩子，一家人很美滿。

不幸的是，由於丈夫在生意上經營不當，破產了，並且還有一些歡歡不願意透露的原因，雙方最終離婚了，歡歡一個人帶三個孩子。

因為經濟上的窘困，她連孩子的生活費都付不起，便只好讓孩子輟學回家，自己陪著孩子學習。

一開始，她只是拿學校的課本依樣畫葫蘆，但她很快發現孩子們自學能力驚人，她為孩子們找來了更多的教材，自己動手研究自學方法。

10 年裡，為了讓孩子們接觸到更好的教育資源，也為了躲避一些人的質疑和眼光，她帶著孩子跑了很多地方生活，有時候只有一盞燈加上一張床。生活雖然清苦，但孩子們和母親在一起，也很開心。

她也曾讓孩子們嘗試短暫地接受體制內教育的日子，雖然孩子們成績很優秀，但還是主動提出了退學在家自學。

除了一般課程，孩子們還學習了太極、古琴、畫畫、鋼琴等，有一些是自學，也有一些是請好的老師來教授的。就是在這個過程當中，她認識了志同道合的現任老公。

他是武俠小說裡的那種人物，會武功、太極、古琴、手工、書法等，還曾擔任某個宣傳片的男主角。所以，圍在他周圍的「迷妹」並不少。

起初他只是女兒的太極老師，順便也會教授女兒古琴。

但日子長了，歡歡與他暗生情愫，等到他們公開關係的時候，很多人都難以理解。

現在的他們，創辦了自己的活動基地，一點點向世界傳播中華文化。孩子們也參與其中，各有所長，讓人驕傲。

在浮華的都市裡看著她傳來的照片，我著實羨慕。

當然，她在我眼中，擁有非同一般的智慧和定力。

她老公真的非常有眼光。

03

芳芳，35 歲，金融分析師

芳芳是從小城市出來的，父母是普通的老師。看著女兒長得漂亮，成績又頂優異，因此芳芳的父母對她的管教一直很嚴格，從來都不讓她和男性有過多接觸，大學畢業之後才慢慢開明。

在金融行業打拚的她很努力也很優秀，在人們看來，她漂亮又有能力。關係親近了才知道，她也有很心酸的情感經歷。

她的第一任丈夫，回家後就躺在沙發上打遊戲，家務不管，孩子不理，婆婆公公也一直幫著兒子，認為她這個外地人嫁到大都市是賺了。她實在是忍受不了了，很快兩人分居並辦理了離婚手續。

離婚後，她全身心投入工作，在金融圈裡取得了自己的一席之地，還開了自己的公司。

在工作中，她遇到了新男朋友，有錢、帥氣、做飯好吃，人還暖。像是童話中的故事一般，她們結婚了。

可是她發現一個問題，他幾乎捨不得為她花錢。即便是收入比她高很多，他仍然要 AA 制去負責家中的開銷，更不用提上交收入了。

有一次，她發現他為自己和孩子買了高額保險，不包括她。

他太過精明和算計，一點一點地磨掉了她的真心。

「我很想有人養著我，但發現生活不給我機會。」望著她透露孤獨的面龐，我只好祝福她。

04

樂樂，41 歲，自由業

樂樂也是朋友圈裡特立獨行的女性。

8 年前，她到印度生活過一段時間，在那裡認識了她第一位伴侶，並且懷孕了。但出於某些原因，她離開他回了國，並且堅持生下孩子。

孩子出生 3 個月的時候，她就帶著孩子在街頭擺地攤生活。2 歲開始，她帶著孩子周遊世界，到處遊學，自己則一邊在異國生活一邊做國際代購。孩子在泰國、尼泊爾、越南都上過幼稚園，總共遊歷過亞洲 7 個國家。

由於經歷豐富，孩子對世界的包容度很高，不同的文化都能夠接受，也很容易和陌生人打成一片。

樂樂的爸爸媽媽也曾十分擔憂樂樂的生活，尤其是她固執地要把孩子生下來，所有人都懷疑她做單親媽媽的能力。

「我也理解他們對我的勸說，都帶著愛和關心，我全部接納，但我拒絕被他們洗腦。他們即使是我的父母，但企圖用愛來綁架我時，我也拒絕聽從。在我看來最好的孝順就是把自己過好了。」

她這麼說，也這麼做，定居之後，她一邊繼續擺地攤一邊做代購，同時照顧上學的女兒，還特別熱衷公益活動。

面對這種霸氣又自信的女性，上天自然有好的安排。她在擺地攤的時候認識了興趣十分契合的現任丈夫。很難得，他一樣非常注重精神生活，對物質條件看得很淡。

這兩人結婚後，又為女兒生了一個十分可愛的弟弟。

她未來的生活，真的無法定義，因為，她是一個拒絕被貼標籤的開創者。

後記

她們，雖然只是萬千再婚女性中的一個小小縮影，但每一個人的故事，因為鮮活，因為真實，因此和我諮詢當中接觸到的個案一樣，深深地打動了我。

有人問：在你看來，再婚能過得幸福的原因是什麼？

這其實挺難回答的，每個人都有自己的法寶。身為再婚的女性，與初婚的人相比，可能最大的不同在於對婚姻和人性多了那麼一點點理解，少了一些不切實際的幻想和絕對化，或許更謹慎和珍惜一些。

在實際生活層面，她們卻需要有更高的智慧和更強大的承載能力，才能處理好更為複雜的局面。她們的故事能為我們帶來的啟示是：你是你自己生活的主宰，越早明白可能越早幸福。

這點無論在不在婚姻內，有沒有伴侶都不會有絲毫變化。無論是從意識層面還是實際生活來說，你都是你生活的開創者。

即使是遇到困難，迎面去解決的人往往要比停留於抱怨、一味強調是其他人的責任的人過得更好。並不是說在事情當中對方沒有責任，而是去辯解和抱怨對於改進你的狀態沒有太大意義。好好疼愛和關心自己，你的開心，就是對周遭人最大的貢獻。

這既指物質層面，更指精神層面。尊重自己真實的心理狀態，婚姻中坦誠地去與伴侶和家人溝通，既不委曲求全，也不恃寵而驕。包括對待其他家人和朋友也一樣，你不認同的，沒必要去解釋和迎合，過得開心即可。保持開放心態，享受學習的樂趣。

有的人厭惡的不是婚姻，其實是人生。現代女性普遍在經濟上已經很獨立，但在意識層面還需要學習和成長。

學習為自己的人生負責，學習兩性關係，學習你「未曾探索，僅僅只是喜歡」的領域，讓自己開心。

最後，樂樂的話可以送給大家，當作是一種祝福：

「大道有大道的寬暢，小路有小路的絕美。

「生活不在乎你選擇了哪條路，在乎你有沒有幸福的能力。」

電子書購買　爽讀 APP

國家圖書館出版品預行編目資料

婚姻急救中，諮商師與「愛」的深層對話：冷暴力、家暴慣犯、出軌前科、再婚市場、經濟矛盾……婚姻中會出現多少種困境？如何在破碎關係中重建幸福？ / 潘幸知 主編 . -- 第一版 . -- 臺北市：崧燁文化事業有限公司, 2024.09
面；　公分
POD 版
ISBN 978-626-394-735-1(平裝)
1.CST: 婚姻 2.CST: 通俗作品
544.31　113012516

婚姻急救中，諮商師與「愛」的深層對話：冷暴力、家暴慣犯、出軌前科、再婚市場、經濟矛盾……婚姻中會出現多少種困境？如何在破碎關係中重建幸福？

臉書

主　　編：潘幸知
責任編輯：高惠娟
發 行 人：黃振庭
出 版 者：崧燁文化事業有限公司
發 行 者：崧燁文化事業有限公司
E-mail：sonbookservice@gmail.com
粉 絲 頁：https://www.facebook.com/sonbookss/
網　　址：https://sonbook.net/
地　　址：台北市中正區重慶南路一段 61 號 8 樓
8F., No.61, Sec. 1, Chongqing S. Rd., Zhongzheng Dist., Taipei City 100, Taiwan
電　　話：(02) 2370-3310　　傳真：(02) 2388-1990
印　　刷：京峯數位服務有限公司
律師顧問：廣華律師事務所 張珮琦律師

版權聲明

本書版權為樂律文化所有授權崧燁文化事業有限公司獨家發行電子書及紙本書。若有其他相關權利及授權需求請與本公司聯繫。

未經書面許可，不得複製、發行。

定　　價：375 元
發行日期：2024 年 09 月第一版
◎本書以 POD 印製
Design Assets from Freepik.com